시와창작
문학대상
수상작집

왕은범 유고문집

아픈 詩人의 이야기

광진문화사

왕은범 유고문집
아픈 詩人의 이야기

인쇄 2022년 5월 10일
발행 2022년 5월 15일

지은이 왕은범
발행인 유차원
펴낸곳 광진문화사
발행소 04556 서울 중구 마른내로 4가길 5
        남영빌딩 3층 광진문화사
전   화 02-2278-6746
작가 이메일 khsook62@daum.net
출판 등록 제2-4312

* 이 책의 저작권은 저자에게 있습니다.
* 저자의 서면 동의없는 무단 전재 및 복제를 금합니다.
* 인지는 생략합니다.
* 잘못 만들어진 책은 바꾸어 드립니다.

시인의 말
그리움과 고마움을 담아 가족과
내 모든 인연님들께 바칩니다

  2018년 12월 28일 위암 말기 판정을 받고 54차에 걸친 긴 항암치료를 용케도 잘 버텨왔건만, 癌은 온몸으로 전이되고 마침내 나는 病든 시인(病身)이 되어 죽음을 눈앞에 둔 시한부 삶을 살아가는, 生의 끝자락에 선 無名시인

  시인인 것을 다행스럽게 생각하며 잠 못 이루는 하얀 밤마다 한 마리 신음새 되어 부러진 부리로 적바림 해두었던 어설픈 이야기들을 세상에 내 놓는다.
  훗날 나 죽어 슬퍼할 아내에게 온전히 바쳐 그녀의 슬픔을 달래주는 내 마지막 사랑노래이길 바라며 그리움과 고마움을 담아 내 모든 인연님들께도 바친다.

2021년 가을
단풍 물들기 시작하는 즈음 산방 서재에서 적다

:축하의 글
한국 시단의 영원한 별! 천상의 시인을 위하여

　사람의 인연이란 참으로 오묘한 데가 있습니다. 가령 부부의 인연은 천생연분이라고 하는데, 이는 서로 남남으로 살다가 결혼으로 부부가 되어 평생을 함께 사는 인연이기 때문입니다.

　제가 왕은범 시인의 유고문집 〈아픈 시인의 이야기〉와 인연을 맺게 된 것은 우연이 아닌 필연이라 생각됩니다. 저와 소설문단에서 호형호제로 지내는 춘천의 김두수 작가께서 연결해주셨는데, 저는 이 유고문집을 읽으면서 끝없는 공감과 놀라움과 아픔에 왕은범 시인과 오랫동안 교유해온 것처럼 느껴졌습니다.

　한 시대의 시인으로서 영혼까지 다 바쳐 시를 쓰고, 김혜숙 아내와의 절절한 사랑을 담은 〈아픈 시인의 이야기〉는 〈한국 시단의 영원한 별〉이 되었기에, 저는 이 〈천상의 시인을 위하여〉 축하의 글과 책의 편집을 맡게 된 것입니다.

　이제 〈아픈 시인의 이야기〉가 독자님을 만나게 되면 부디 저처럼 깊은 공감과 놀라움과 아픔으로 힐링의 축복을 받으시길 바라오며, 특히 김혜숙 여사님께 축하를 드리는 바입니다.

　　　　　　　　　2022년 5월에
　　　　　　　　　　한국문인협회 소설분과 회장 이은집

| 차 례 |

시인의 말 : 그리움과 고마움을 담아 가족과   4
내 모든 인연님들께 바칩니다
축하의 글 : 한국 시단의 영원한 별! 천상의 시인을 위하여!   5

제1부 주말 & 詩

주말 & 詩 - 1 슬픈 안(內)나를 위해 눈물로 쓴 詩   16
주말 & 詩 - 2 그리움으로 오신 그대   20
주말 & 詩 - 3 때가 되어 지는 것들은 아름답다   24
주말 & 詩 -4 그리움과 별과 詩   27
주말 & 詩 - 5 난, 그런 사람이고 싶습니다   31
주말 & 詩 - 6 아픈 날은 밤도 길다   34
주말 & 詩 - 7 하얀 새벽이 좋다   37
주말 & 詩 - 8 사라ㅇ,ㅁ이 하나 떠났다고 슬퍼하지 마라   39
주말 & 詩 - 9 슬픈 전설   42
주말 & 詩 - 10 산다는 것은   45
주말 & 詩 - 11 *죄목 없는 詩 1,2   48
주말 & 詩 - 12 참회록   52
주말 & 詩 - 13 나를 찾아서, 숨다   55
주말 & 詩 - 14 다시 아침이다, 아들아   58
주말 & 詩 - 15 편지   61
주말 & 詩 - 16 내 그리움 절벽은 언제나 '엄마' 더라   64
주말 & 詩 - 17 하얀 시집(詩集)   67
주말 & 詩 - 18 하얀 새 되어 날다   70

| 차 례 |

주말 & 詩 - 19 아버진 키가 작았다　　　　　　　　　　74
주말 & 詩 - 20 아즉 멀었다, 꽃 같을 내 詩는　　　　　78
주말 & 詩 - 21 내 봄 뜨락에 당신을 심을래요　　　　81
주말 & 詩 - 22 도마뱀 꼬리처럼　　　　　　　　　　85
주말 & 詩 - 23 안녕, 별이 된 그대　　　　　　　　　89
주말 & 詩 - 24 아픔은 말이야　　　　　　　　　　　93
주말 & 詩 - 25 아즉은 먼 내 별자리　　　　　　　　96
주말 & 詩 - 26 내가 사랑하는 사람은　　　　　　　99
주말 & 詩 - 27 내 꽃이 아니어도 좋다　　　　　　　102
주말 & 詩 - 28 주루룩 눈물이 나서 깼다　　　　　　105
주말 & 詩 - 29 난 밤마다 엄마가 된다, 憑依　　　　108
주말 & 詩 - 30 찔레장미　　　　　　　　　　　　　112
주말 & 詩 - 31 연잎 밥　　　　　　　　　　　　　116
주말 & 詩 - 32 영시암엔 그리움만 보냈다　　　　　119
주말 & 詩 - 33 인연은 다하면 강으로 간다　　　　122
주말 & 詩 - 34 울지마라　　　　　　　　　　　　　125
주말 & 詩 - 35 그리운 것들은 다 어디로 갔냐고요?　128
주말 & 詩 - 36 아프다, 많이　　　　　　　　　　　131

| 차 례 |

주말 & 詩 - 37 내 모든 인연들에게 · 134
주말 & 詩 - 38 오늘 밤엔 · 136
주말 & 詩 - 39 새벽기도 · 139
주말 & 詩 - 40 잊는다는 것은 · 142
주말 & 詩 - 41 잊혀진다는 것에 대하여 · 145
주말 & 詩 - 42 죽는 그날까지 부디 꽃이어라 · 148
주말 & 詩 - 43 온몸으로 우는 새 · 153
주말 & 詩 - 44 하루 종일 비만 내렸다 · 156
주말 & 詩 - 45 나는 어디로 갔는가? · 159
주말 & 詩 - 46 아픔 없는 푸른 별이 되고파 · 162
주말 & 詩 - 47 그리운 그대 뜨락 별 되어 · 165
주말 & 詩 - 48 내 잃어버린 아침은 언제 오려나 · 167
주말 & 詩 - 49 밤마다 난 신음새가 된다 · 169
주말 & 詩 - 50 숨어 우는 신음새처럼 · 170
주말 & 詩 - 51 묘비명 墓碑銘 · 172
주말 & 詩 - 52 누더기잠 · 173
주말 & 詩 - 53 꿈이었어 · 176
주말 & 詩 - 54 시인과 까마귀 · 181

| 차 례 |

주말 & 詩 - 55 C에게 쓰는 편지 184
주말 & 詩 - 56 癌꽃 186
주말 & 詩 - 57 그래서 아픈 게야 188
주말 & 詩 - 58 배추벌레에게 미안하다 191
주말 & 詩 - 59 여치와 시인과 엄마와 꽃 193
주말 & 詩 - 60 삼봉자연휴양림 단풍길을 걸으며 196
주말 & 詩 - 61 서리와 풍경 셋 198
주말 & 詩 - 62 씨앗을 묻다 심은 詩 200
詩人과 癌과 詩 -1 ~ 36 202

| 차 례 |

제2부 왕은범 성장소설

왕은범 성장소설 - 열세살 은범이

프롤로그	280
#1 (아버지 왕대진)	282
#2 (어머니 최영창)	284
#3 (열세살 은범이)	286
<이야기 42> 헬로우, 기브 미 짭짭	288
<이야기 43> 땅뺏기	291
<이야기 44> 넉가래	293
<이야기 45> 쥐(1)	295
<이야기 46> 쥐(2)	298
<이야기 47> 겨울밤	300
<이야기 48> 뻥튀기	302
<이야기 49> 강냉이	304
<이야기 50> 콩	306
<이야기 51> 이발	308
<이야기 52> 말타기	312
<이야기 53> 김장	315
<이야기 54> 채썰기	318

| 차 례 |

<이야기 55> 소여물 321
<이야기 56> 독꾸 324
<이야기 57> 테레비 327
<이야기 58> 가재 330
<이야기 69> 열일곱 은범이 334
<이야기 60> 꽃다지가 피었다 336
<이야기 61> 8,500원 339
<이야기 62> 콩나물 342
<이야기 63> 아버지의 노래 345
<이야기 64> 막걸리 348
<이야기 65> 죄 351
<이야기 66> 벌 355
<이야기 67> 나의 노래 359
하늘별 엄마한테 보내는 늙은 은범이의 편지 364
하늘별 아부지한테 보내는 늙은 은범이의 편지 365
예순살 은범이 366
그래서 난, 열세살 은범이를 써야 한다 367

아픈 詩人의 이야기

왕은범 유고문집

제1부
주말 & 詩

주말 & 詩 - 1 슬픈 안(內)나를 뷔해 눈물로 쓴 詩
주말 & 詩 - 2 그리움으로 오신 그대
주말 & 詩 - 3 때가 되어 지는 것들은 아름답다
주말 & 詩 - 4 그리움과 별과 詩
주말 & 詩 - 5 난, 그런 사람이고 싶습니다
주말 & 詩 - 6 아픈 날은 밤도 길다
주말 & 詩 - 7 하얀 새벽이 좋다
주말 & 詩 - 8 사라ㅇ,미 하나 떠났다고 슬퍼하지 마라
주말 & 詩 - 9 슬픈 전설
주말 & 詩 - 10 산다는 것은
주말 & 詩 - 11 *죄목 없는 詩 1,2
주말 & 詩 - 12 참회록
주말 & 詩 - 13 나를 찾아서, 숨다
주말 & 詩 - 14 다시 아침이다, 아들아
주말 & 詩 - 15 편지
주말 & 詩 - 16 내 그리움 절벽은 언제나 '엄마'더라
주말 & 詩 - 17 하얀 시집(詩集)
주말 & 詩 - 18 하얀 새 되어 날다
주말 & 詩 - 19 아버진 키가 작았다
주말 & 詩 - 20 아즉 멀었다, 꽃 같을 내 詩는
주말 & 詩 - 21 내 봄 뜨락에 당신을 심을래요
주말 & 詩 - 22 도마뱀 꼬리처럼
주말 & 詩 - 23 안녕, 별이 된 그대
주말 & 詩 - 24 아픔은 말이야
주말 & 詩 - 25 아즉은 먼 내 별자리
주말 & 詩 - 26 내가 사랑하는 사람은
주말 & 詩 - 27 내 꽃이 아니어도 좋다
주말 & 詩 - 28 주루룩 눈물이 나서 깼다
주말 & 詩 - 29 난 밤마다 엄마가 된다, 憑依
주말 & 詩 - 30 찔레장미
주말 & 詩 - 31 연잎 밥
주말 & 詩 - 32 영시암엔 그리움만 보냈다

주말 & 詩 - 33 인연은 다하면 강으로 간다
주말 & 詩 - 34 울지마라
주말 & 詩 - 35 그리운 것들은 다 어디로 갔냐고요?
주말 & 詩 - 36 아프다, 많이
주말 & 詩 - 37 내 모든 인연들에게
주말 & 詩 - 38 오늘 밤엔
주말 & 詩 - 39 새벽기도
주말 & 詩 - 40 잊는다는 것은
주말 & 詩 - 41 잊혀진다는 것에 대하여
주말 & 詩 - 42 죽는 그날까지 부디 꽃이어라
주말 & 詩 - 43 온몸으로 우는 새
주말 & 詩 - 44 하루 종일 비만 내렸다
주말 & 詩 - 45 나는 어디로 갔는가?
주말 & 詩 - 46 아픔 없는 푸른 별이 되고파
주말 & 詩 - 47 그리운 그대 뜨락 별 되어
주말 & 詩 - 48 내 잃어버린 아침은 언제 오려나
주말 & 詩 - 49 밤마다 난 신음새가 된다
주말 & 詩 - 50 숨어 우는 신음새처럼
주말 & 詩 - 51 묘비명 墓碑銘
주말 & 詩 - 52 누더기잠
주말 & 詩 - 53 꿈이었어
주말 & 詩 - 54 시인과 까마귀
주말 & 詩 - 55 C에게 쓰는 편지
주말 & 詩 - 56 癌꽃
주말 & 詩 - 57 그래서 아픈 게야
주말 & 詩 - 58 배추벌레에게 미안하다
주말 & 詩 - 59 여치와 시인과 엄마와 꽃
주말 & 詩 - 60 삼봉자연휴양림 단풍길을 걸으며
주말 & 詩 - 61 서리와 풍경 셋
주말 & 詩 - 62 씨앗을 묻다 심은 詩
詩人과 癌과 詩 -1 ~ 36

주말 & 詩 - 1
슬픈 안(內) 나를 위해 눈물로 쓴 詩

새벽 4시
난,
귀신이 되어
안(內)
나와의 接神을 위해
방울을 딸랑인다

새벽이 하얗게 갈라지고
마침내 요란한 痛症이 시작되고
귀신 안(內)
나는 내가 되어
아직은 푸른 수의를 입고 공지천 둑길을 걷고
안개는 다시 요란하고 詩는 눈물 되어 흐르고
난,
안(內)나가 된 나를 위해 기도문 같은 詩를 쓴다

새벽 갈라지는 소리
안(內)나 흐느끼는 소리
슬픈 詩人의 지친 기도 소리
痛痛거리는 **呻吟**
그리고
癌細胞 生滅 소리
다시
새벽 찢어지는 소리
안(內)
나가 된 슬픈 나를 위해 들려주는 소리
들린다

새벽 4시에
난
귀신이 되어
슬픈 안
나를 위해
눈물로 詩를 쓴다

'슬픈'
'눈물'
'죽음'
'별'

'癌'
'어둠' 이란 말들로 내 詩를 슬프게 하지 않으리라 마음먹곤 하지만,
다시 또 '슬픈'
'어둠'과 '슬픔'과 '통증'과 '癌'과 '눈물'로 詩를 쓰고 말았다

'안나'
그녀의 이름은 'Anna'
그녀의 슬픈 이름은 내게 들어와 안(內) 나(我)가 되었다
胎生부터 슬픈 이름을 가진,

새벽 4시
난
귀신처럼 잠 깨어 공동묘지 같은 고요 속에 앉아
내 안의 나(안나)를 만난다
詩人이라는 거적을 걸치고
癌이라는 宿命을 짊어진,
아직은 푸른 수의를 걸친 채
아직은 공지천 둑길도 걷고
아직은 안개를 사랑하는,
아직은 살아있는
아직은 詩를 찾아 새벽 귀신이 되는,

슬픈 안나(Anna)를 위해
안(內)
나(我)를 위해

눈물로 詩를 쓰는,
詩 그리고 人, 나

나는
오늘도
내 안의 슬픈 나
'안나'를 위해
기도문 같은 詩를 쓴다

당신은 오늘도 내게
슬픈 詩는 이제 그만 쓰라시지만,
아직은 슬픈 詩를 쓸 수 밖에 없음에 미안하고 부끄럽고 또 슬픕니다
꽃다지 피고
山房 꽃 피는 동산에 수선화 필 즈음이면
내 詩도 꽃이 되겠지요
나도 꽃 詩를 쓰겠지요
그럴 날 오겠지요

주말 & 詩 - 2
그리움으로 오신 그대

먼 길 달려
그대,
내게 오신다 하니
달랑,
묵은 그리움만 들고 오세요

내 묵은 그리움일랑
그대 묵은 그리움일랑
인연 끈으로 묶어두고
山房
꽃자리에 마주 앉아
아주 하얀 꽃
되어보아요, 우리

내
뜨거운 그리움으로 구운

고구마랑 옥시기
단풍잎 쟁반에 담아
그리움 곱게 아롱진 마음 자리에 차려두고

내 그리움 그대 잔에
그대 그리움
내 잔에 띄워
가슴 뜨겁도록 마셔보아요, 우리

그리움으로 오신 그대
차마 떠나시올 땐
내 몸 빼곡 보랏빛 그리움으로 물들여놓고
부디
보랏빛 그리움으로 가시옵소서
가실 땐 그저 보랏빛 그리움만으로 가시옵소서
그리움으로 오신 그대
그리움으로 남을 그대
그대, 내 님이시여

그대,
그리움으로 오실 이 하나 가슴에 묻고 사시나요?
오래 되어 묵은 그리움이기에

더욱 그립고 향기로운 이 하나 그대 가슴에 살고 계시나요?
그저 묵혀 둔 그리움과 그리움이 진한 보랏빛으로 물들어 버린 날
멀리서 그리운 이 오신다는 소식에
아궁이 앞에 앉아 묵은 그리움으로 고구마를 굽고 옥수수를 굽고 있는 나를 보시었나요?

내가 그대 그리움 되고
그대가 내 그리움 되는 인연만으로도 이미 아름다운 우리
그대 그리고 나
오실 땐 그저 묵은 그리움만 데리고 오세요
그저 꽃으로 오신 그대
내 꽃자리에 마주 앉아 그리움으로 빚은 차 마시면서
우리 꽃이 되어 보아요, 아주 하이얀 구절초

그리움으로 오신 그대
그대여,
내 곁을 떠나시올 땐
부디
아름다운 멍 같은
보랏빛 그리움만 남기고 가시옵소서

미산의 귀한 인연으로 오신 그대
그리움이라는 그대여
내 詩를 한껏 노래 불러 보시라
나즈막히 혹은 천천히
때론 격하게

혹은 독하게
소리내어 불러 보시라
그대 가슴 속에서 꿈틀거리는 詩의 태동을 느껴보라
詩가 되어 보라, 詩에 빠져 보라, 詩에 죽어 보라

주말 & 詩 - 3
때가 되어 지는 것들은 아름답다

꽃도 진다
무서워하지 마라

해도 뜨면 지고
널 젤 사랑한 엄마도
네가 젤 사랑한 엄마도
머언 별
되셨다

꽃도 진다
슬퍼하지 마라

꽃이 지는 건
슬퍼서가 아니라
때가 되어서이다

때가 되어 지는 것들은 아름답다
봄날의 목련도
겨울날의 동백도
소월의 진달래도
美山의 구절초도
동주의 별
별
별
별들도
아픈 별들 마다도
별들 조차도
별들도

때가 되어
지는 것들은
아름답다

꽃도 진다
때가 되면 꽃은 진다
지기 때문에 꽃이 아름다운 것이다
지지않는 꽃을 상상해보라
얼마나 끔찍한가
 모든 만남은 이별을 전제로 하고(會者定離)

태어남은 죽음을 전제로 하며
뭇 생명체들은 사라짐을 전제로 한다(凡所有相 皆是虛妄)

때가 되어 지는 것들은 아름답다
마지막 잎새의 떨림과 저무는 夕陽의 번짐
洛花의 亂舞와 茶毘式의 연기
꼬리 긴 流星雨들의 寂滅

진다고 지는 것이 아니고
떠난다고 아주 떠남이 아니고
잊었다고 아주 잊혀진 것이 아님을 알기에, 우리
슬퍼하지 말자
두려워 하지도 서러워 하지도 말자

사랑하는 엄마도
사랑하는 사람도
때가 되면 떠나는 법이다
꽃도 피면 진다
별도 달도 뜨면 지고
나도 언젠가는 지는 동주의 별과 같다, 소월의 진달래꽃과 같다
그러니 나,
때가 되어 떠나거들랑
우지마라
슬퍼하지도 마라
때가 되어 떠나는 것들은 다 아름다우니까

주말 & 詩 – 4
그리움과 별과 詩

엄마,
그리운 날은 그리운 만큼
모가지 길게 빼고 하늘 별을 보아요

밤 하늘
숱한 별,별,별…….그 속
엄마별을 찾다
나도 따라 그만 그리움 화석이 되고
그러다 언젠간
나도 따라 그리움 별 되겠지요?

하늘 별
그렇게 많은 것은
그만큼의 그리움 때문일 거예요
별 하나마다 달린 그리움 꼬리
난 그 꼬리를 보아요

별 하나의 사연과

별 하나의 그리움과

별 하나의 전설과

별 하나의 아픔

다시 또 별 헤는 밤

이 찾아오면

나도 따라 별이 되는 꿈을 꾸려고 해요

사랑하는 사람 가슴 속에서만 피어오르는

아프지 않은,

슬프지 않은,

서럽지 않은

별

꽃이 되는 별

별이 된 꽃

아주 하이얀 구.절.초

별

詩人

언젠가부터

난 별을 보고 있노라면 끝도 없는 그리움 속으로 빠져드는 나를 발견한다

엄마, 아부지, 용구, 스무숲 청용부리 골짜기 무논과 밭, 순무, 개구락지며 독꾸
소달구지, 영미, 춘지, 안마산, 파란해골 13호. 마루치 아라치, 몽글몽글 피어오르던 저녁 굴뚝
연기, 밥냄새……

밤 하늘을 가득 채운 별들 만큼의 그리움
헤아도 헤아도 다 헤지 못하는 별들만큼이나 가득한 그리움
그리움은 다시 또
별이 되고
詩가 되고
비가 되고 눈이 되고
꽃도 되고 눈물도 되고
결국
다시 또 하나의 그리움별이 되고

여름날 밤
앞마당 멍석에 누워 옥시기 감자 먹으며 헤던 별 하나 하나의 추억들, 전설들
별 하나마다의 이름과
별 하나의 아픔과
별 하나의 노래

별 둘의 전설과
별 셋의 주검과
별 넷의 이별
그리고 꼬리만큼이나 긴 별들마다의 사연
그리움은 죽어 별이 되고

별 마다 간직한 사연들은 詩가 되고
별이 된 詩人은
별 헤는 밤마다 그리움별이 되어
그리움
별
별
찾아 헤매다

이제는,
사랑하는 사람 가슴 속에서만 피어오르는
아프지 않은,
슬프지 않은,
서럽지 않은
별
꽃이 되는 별
별이 된 꽃
아주 하이얀 구.절.초
별
詩人이고파

주말 & 詩 - 5
난, 그런 사람이고 싶습니다

누군가의 가슴 속에서 자라는
참 좋은 사람이고 싶습니다

외로울 때 문득 생각나는,
바닷가
그윽한 찻집에서
문득 전화하고 싶은,
따끈한 커피 나누어 마시고 싶은,

비가 온다고
비가 오냐고
비 오면 뭐 할 거냐고
끝도 없이 함께 하고픈
그런 사람이고 싶습니다

누군가의 그리움이고 싶습니다

별 헤는 밤.
까아맣게 떠오르는
당신의 그리움 별이고 싶습니다
내가 네 그리움 되고
네가 내 그리움 되는
그런 그리움 별이고 싶습니다

엊그제,
첫눈이 내릴 거란 일기예보에
아침부터 어린애처럼 모가지 길게 빼고 하늘만 치어다 보았습니다
하늘은 온종일 흐리기만 한 채,
기다리던 첫눈은 결국 내려주지 않았습니다

그러다 문득
청춘 실룩거리던 날 밤
비 내리는 춘천 공지천 둑길 그윽한 카페에 앉아
첫사랑을 기다리던 날의 긴~~빗소리
기다려도 기다려도 오지 않던 야속한 사람의 희미해진 모습
결국 기나 긴 기다림은 그리움 되고
그리움은 화석이 되어 내 가슴에 생채기로 남아버린
어쩌면 쓸쓸한 그리움 화석

가끔
같은 하늘 아래 사는

그리운 사람들이 있습니다
지금은 어디에서
어떤 그리움과
어떤 그리움을 간직하며 살고 있는지
그 그리움 속에 나도 한 켠 자라잡고 있는지
안부가 궁금한 사람이 있습니다

누군가의 가슴 속에
아직은 남아
반짝이는 그리움 별이 되고 싶습니다
그리운 날이면 치어다볼 수 있는,
작은 그리움 별이고 싶습니다

누군가의 그리움 별이 된,
내 그리움
내 그리움 별이 된,
네 그리움
그런 그리움 별 두 개로
오래오래 그대 가슴 속에서 반짝이고 싶습니다

그대,
그대는 그런 그리움 별 하나
가슴 속에 품고 사시나요?
내 그리움 별 하나
그대 가슴 속에 품고 사시나요?

주말 & 詩 - 6
아픈 날은 밤도 길다

추워서 서러운 밤
상여같은 침대에 누워
病꽃 피우는 시간
아픈 날은 밤도 길다

밤은 잔인하게 난도질당한 채
도막
도막
잘리우고
잠은
죽음같은 江을 헐떡이며 자맥질하건만
江은 여전히 멀다

시간은 모질게 살아 서걱서걱 칼을 갈고
무릎은 痛痛 짓무르는데
난,

묵은 아픔으로 발버둥치는 목각인형
버림받은 等身佛 된다

상여 같은 침대에 누워
病꽃 피우는 시간
江은 여전히 멀고
아픈 날은 밤도 길다

- 제17회 세계문학상 수상작 -

내가 싸지른 詩 앞에서
난 부끄럽지 않아야한다
고개 빳빳하게 세우고
눈 동그랗게 뜨고
바라보아도
치어다보아도
난 부끄럽지 않아야한다

詩人이라는 말은
'詩를 쓰는 사람'을 일컫는 말
내 이름 앞에 감히 '詩人'이라는 무거운 훈장을 달아놓아도 난,
부끄럽지 않아야 하는데,
아직 난 부끄럽다
아직은 때가 아닌데

감당하기엔 벅찬 훈장을 달았다
부디
훈장의 무게에 눌리지 않길
깡통훈장이 아니길 스스로에게 다짐하며

- 늦은 가을비 툭툭 내리는 산방 서재에서 -

내 아픔에게 고맙다
아주 하얀 새벽에 잠 깨어
아주 하얀 도화지 같은 시간을 마주하고 앉게 해준 아픔에게 고맙다
아픈 만큼 아픔으로 글을 쓴다
글을 쓰는 만큼은 아픔도 내게 아량을 베푼다
이 얼마나 축복받은 病이런가, 젠장

이제 곧
癌과의 동거 2주년이 된다
월세 한 푼 받지 않고
먹여주고 재워주고 놀아주고 내 몸 다 바쳐 아파주었거늘
녀석은 좀처럼 내 곁을 떠나려 하지 않는다
내가 좋은가 보다, 제길헐

어쩌겠는가?
惡緣도 緣인 것을
사랑하진 못할 망정 미워하진 말아야지......

주말&詩 - 7
하얀 새벽이 좋다

언젠가부터
하얀 새벽이 좋다

그저 머금은
하얀 고요
하얀 그리움
하얀 사랑이
너처럼 좋다, 너만큼 좋다

말은 없어도 좋다
더더군다나
여럿이 아니어도 좋다
내가 네 그리움 되고
네가 내 그리움 되는
그런 그리움 별 둘이면 족하다

그리고
그러다가 마침내
네가 내 속에서
별 하나 낳고
별 둘 낳고
별 셋 낳고

그렇게
반짝반짝
동화처럼 별들의 마을에 불 밝히는 새벽 종지기 되어
하얀 새벽길
구절초 꽃으로 빗질하는
詩人이면
좋겠다

새벽 4시 32분
난 몽유병 환자처럼 잠 깨어
하얀 빛이 안내하는 하얀 길을 따라 하얀 내 자리에 앉습니다
모든 것이 깨끗한 하얀 고요 속
모두가 잠든 시각
사각 사각 도둑처럼 내린 눈이
세상을 하얗게 뒤덮은 날의 神祕境에 홀린 소년이 되어
하얀 그리움 옷을 입고 하얀 춤을 춥니다
 엄마가 그립고, 스무숲이 그립고

그리움이 되어버린 네가 그립다
마침내
별이 되어 반짝이는 그리움이 그리움을 낳습니다
하나
둘
셋
넷

그리움은 당신 하나면 족합니다
내가 네 그리움 되고
네가 내 그리움 되는
그런 그리움 별 둘이면 됩니다
그리고
그러다가
마침내
네가 내 속에서
그리움 별 하나 낳고
별 둘 낳고 별 셋 낳고……

새벽을 사랑하는 하얀 별들의 마을 종지기 되어
하얀 새벽길
구절초꽃 빗질하는 시인으로 살고 싶습니다

그대도 하얀 새벽을 좋아 하시나요?

주말 & 詩 - 8
사라ㅇ, ㅁ이 하나 떠났다고 슬퍼하지 마라

꽃이 졌다고
그대,
사랑하는 사람
그대 곁을 떠났다고
슬퍼하지 마라

꽃 진 자리엔 그리움 씨앗이
나 떠난 자리엔 그리움 별 하나
그대 이름 부여안고
밤새 밤새 뜬눈으로 그리워 노래 부르리니
그대
그대
그대여

사랑 하나 떠나갔다고
꽃이 졌다고

그대,
슬퍼하지 마라
단지 그대 가슴에 묻고
푸른 별처럼 그리워하라

왔다가 가는 것이 바람뿐이랴

위의 詩
'사라ㅇ,ㅁ 하나 떠났다고 슬퍼하지 마라'를 노래 부르듯 낭송해보라
한 번은 '사랑'으로, 또 한 번은 '사람'으로 바꾸어

그대 가슴에 무엇이 남는가?
그대가 떠나보낸
또는 그대 곁을 떠나간 사람 하나, 사랑 하나, 인연 하나
그리고 바람 하나, 하나, 하나들………

그대
그대
그대여

사라ㅇ,ㅁ 하나 떠나갔다고
꽃이 졌다고
그대,
슬퍼하지 마라
단지 그대 가슴에 묻고
푸른 별처럼 그리워 하라

주말 & 詩 - 9
슬픈 전설

옛날
옛날 아주 오래 된 옛날
뒷동산에서 여우 울음소리 들리던 시절

'스무숲'이란 마을에
아주 하얀 나무 한 그루가 살았대
딱 한 번
하얀 꽃을 피우고 죽어야만 하는 운명을 갖고 태어난,
하얀 나무
다른 나무들은 다 위로만 위로만 뻗어 자랄 때
그 하얀 나무는 아래로 아래로만 자라다
결국에는 땅속으로 들어가 버렸다는 거야
그렇게 땅속으로 들어간 나무는
매일같이 꿈만 꾸었대

냄새도 하얗고

이파리도 하얗고
그림자마저도 하얀
세상 어디에도 없는 아주 하얀 꽃을 피우는 꿈을,
어느 겨울
한 해가 저물어가는 쓸쓸한 날
함박눈 왼종일 내려 세상이 모두 하얘진 날
'스무숲' 198번지
파란 병들의 공동묘지
개미 같고 거미 같은 하얀 무덤에서
癌꽃들이 팝콘처럼 피어나기 시작했어

하.얀.꽃.
땅속으로 들어간 나무의 기도를 들으셨나봐
냄새도
이파리도
꽃도
그림자마저도 하얀 나무는
하얀꽃 피운 하얀 겨울에 태어나
하얀 겨울에 죽었대
그 나무의 이름은 '목각인형'
닉 네임은 '슬픈'

그저
전설로만 전해오는 이야기야
그러니 너무 슬퍼하진 말아
전설은 좀 슬퍼야 하니까

주말 & 詩 - 10
산다는 것은

그러고 보니,
산다는 것은
살아내는 것이더라
꽃이 피는 것이 아니라
피워내는 것처럼

비바람에 흔들리고
눈비에 시달려도
나무들은 살아내고, 살아냈고, 살아내서
새들을 불러 모으고
꽃을 피우고
나뭇잎 부벼부벼 파란 노랠 부르더라

산다는 것은
살아낸다는 것
나무가 그렇게 이겨내고

파란 노랠 부르듯
산다는 것은
모질게 살아내는 것이더라

살아낸 자리마다
하얀 눈물꽃 피워내는 것 이더라

아픔 없이 핀 꽃
어디 있으랴

꽃도 아플수록
고운 꽃 피워내듯
내 아픔 진자리 마다마다
아픈 만큼 하얀
눈물꽃 피워내야지

살아있는 모든 것들은 어느 것 하나 그냥 사는 것이 없다
그냥 산다는 것은 죽어 있다는 것과 다를 바 없다
하루하루,
또는 매 순간순간마다 처절하리만치 몸부림치며 살기 위해,
살아내기 위해 안간힘을 쓰는 뭇 생명들을 본다
여름날 절규에 가까운 매미 울음소리,
뜨거운 낮밤을 피 토하듯 불러야 하는 사랑가

하루살이의 처절한 날갯짓,
날개가 부서지도록 부벼부벼서 귀뚜라미, 풀종다리, 방울벌레는 풀숲 긴 울음을 운다

하루 종일 먹이를 찾아 헤매는 뭇 생명들은
하루 하루의 生存이 처절하리만치 중요한 전부이다
세상에 그냥 사는 생명체는 하나도 없다
저마다 이 악물고 살아내는 것이다

하늘을 보아도
들판을 보아도
강물을 보아도
세상에 그냥 사는 생명들은 하나도 없다
저마다 살아내는 것이다
살아낸 자리마다 저마다의 꽃을 피우는 것이다

아프다고 그대
슬퍼하지 마라
아름다운 꽃도 새도 나비도
아픔 없이 절로 생겨나지 않았다

산다는 것은 살아낸다는 것
아픔도 슬픔도 절망도 이겨내고 살아내서
아름다운 꽃을 피워내는 것
세상에 아픔 없이 피는 꽃은 없다는 것

주말 & 詩 - 11

*죄목 없는 詩 1,2

1
글은
글러 먹었고
글은
사방에서 굴러다니고
부패한 *시들은, 詩人들은
개망나니가 된 채
깡통훈장 요란하게 울려대며
詩人 폼 한껏 잡고
술 취한 모습으로 낭만 거리를 활보하는데
난,
끝내 쥐구멍을 찾지 못한 채
검은 옷 뒤집어쓰고
*屍人들의 공동묘지를
선새벽부터 맨발로
걷고 또 걸었다

2
*屍人들마다 훈장을 달았다
어떤 이는 가슴부터 어깨까지
어떤 이는
어깨를 넘어 등짝까지

깡통 훈장이 햇볕에 반짝일 때마다
詩人들은 눈살을 찌푸렸지만
훈장 단 사람들은
깡통소리 요란하게 무리지어 다녔다

설사 같은 *시들은 詩들로
번드르르 假裝한 채
인사동 거리
늙은 찻집에 앉아
귀천을 씹고 있었다
개뼈다구 안주에
씨발 -
스 - 리갈을 놓고

*죄목 : 罪目 또는 題目으로 읽혔음 좋겠다
*시들은 : 시들어버린, 시든 詩

*屍人 : 죽은 詩人들을 의미함

내 詩에 題目을 붙일 수가 없었다
글러먹은 글이나 써대는 무리들 틈에 낀 나도 罪人인데, 내 罪目은 무엇인지
내가 싸지른 詩의 제목을 뭐라고 해야 할 지 혼란스러웠다

누구나 다 詩를 쓰는,
아무나 다 詩人인 천박해진 詩世界를 보고 있노라면
마음이 우울하다 못해 울화가 치민다
문학 전문잡지에 실린 詩라고 하는 껍데기를 쓰고 버젓이 올린 시든 詩들을 보고 있노라면 자괴감이 든다
나도 한통속이니까
나도 그들과 한패니까
그들도 나도
詩人이라는 깡통훈장을 찬 屍人이기에
스스로 슬프고 스스로 부끄럽고 또 부끄럽다

개뿔도 아닌 것이
소뿔도 못되는 것이,
누굴 탓하랴
누굴 욕하고 누굴 원망하랴

부끄럽고 또 부끄럽다
깡통훈장 같은 약력으로 온통 치장한 屍人들의 공동묘지에서 벗어나야 하는데,

그러지 못하고 남은 미련 때문에,
남은 억울 때문에
선새벽 山寺 범종조차 잠든 시간에 난 내 길을 걷는다
나라도 걸어가야 한다
언제나 그래왔듯,
난 내 길을 걸어가야 한다
누구나 가지 않는 길
그 길이 비록 외롭고 쓸쓸할지라도
난 내 길을 걸어가야 한다
죽은 屍人들의 길이 아닌
詩人의 길을

주말 & 詩 - 12
참회록

詩
라는 말
함부로 쓰지 마라
너,

詩人이라는 말
더럽히지 마라
너,

詩人은 스스로 詩人이라 말하지 않는다
詩人은 깡통 훈장 지렁지렁 달고
깡통소리나 내는 개살구가 아니다
詩人은 詩를 낳는 사람이다
제왕절개 아닌
자연분만으로 이 악물고 낳는
처절한 産母다

詩
함부로 싸지르지 마라
너,
깡통 훈장 같은 약력
지렁지렁 달고
깡통소리 울리는 양력으로
헛소리 하지 마라
너,

나는 詩를 모르는
詩人 아닌
屍人이었다

스스로를 詩人이라 부르며
이름 앞에 거창한 훈장(略歷)을 지렁지렁 단 채,
깡통소리를 요란하게 내는 屍人들의 온 라인 모임방에서 빠져 나왔다
문학 잡지사는 돈 안되는 잡지를 꾸려가기 위해
자존심도 버린 채
아무나 屍人들을 불러들여 詩人이라는 깡통 훈장을 달아 주고 있었다
나도 한 동안 그런 屍人들의 무리에 섞여 詩人 행세를 하며
꼴 같지 않은 글들을 詩라는 이름으로 발표를 해댔으니
부끄럽고 또 부끄럽다

시간이 갈수록 내 몸에선 썩는 냄새가 스멀스멀 새어 나왔고
나는 그런 屍人들의 공동묘지에 있는 내 자신을 발견하곤
어둠이 걷히지 않은 검은 새벽,
나를 숨길 수 있는 검은 옷을 뒤집어 쓴 채 참회록을 썼다

싸구려 시인들이 넘쳐나는,
아무나 시인이 점령해버린,
시 마을엔
구린내로 빚은 시옷을 입은 '짜가' 들이
활개를 치고
난,
홀로 시인인 척 하며
씨발

쓰 리갈을 병나발 불고픈 狂人되어시 나부랭이를 줍고 있었다
씨발
스 리갈

주말 & 詩 - 13
나를 찾아서, 숨다

눈을 封하고
귀를 封하고
입을 封한다

無門關
속에 나를 가둔다
이제
나를 찾으려 하지 마라
나는 없다
그러니 너 또한 없다

존재하는 모든 것들이 사라진 寂滅
속으로
간다

열지 마라

열어보려고 하지도 마라
열어주지 마라

그 날이 오면
그 날이 오면
내 스스로 나갈지니

지금은 때가 아니다

2020. 11. 12.
아무나 시인들의 장터를 빠져 나오며 적바림하다

封해야 했다
용기를 내어 그네들을 責해보지만
부질없다

아무나 詩人들의 가슴에 단 깡통 훈장이 눈부시게 번득인다
요란하게 시시하다
내 깡통 명찰도 중독처럼 그들과 함께 요란하게 시시해지고 있다
더 이상 방관할 수 없어 지랄쳐보지만, 부질없음

하는 수 없다
보지 말고 듣지 말고 말하지 말고

나 스스로 갇히자
나 스스로를 가두어 두는 수 밖에
아니, 깡통들의 갇힘에서 빠져나가자
숨자, 나를 찾아서

詩가 돈이 되니, 밥이 되니?
물론
돈도 밥도 안된다

돈도 밥도 안되는 詩를
나는 왜 쓰는 걸까?

아직
난 그 답을 모른다
그래서 난
詩를 쓰는지 모르겠다
無門關에 가둔 나를 꺼내줄 詩열쇠 찾는 날
난,
'밥이 되는 詩'를 만날 수 있으면 좋겠다

주말 & 詩 - 14
다시 아침이다, 아들아

아들아
아침이 있다는 것은
얼마나 다행스러운 일이냐?

어제의 아침도 아닌,
그제의 묵은 아침도 아닌,
갓 삶아낸 햇감자 같이
파삭파삭한 아침을 맞이한다는 것은
얼마나 눈물겨운 일이더냐, 아들아

다시
아부진
햇아침을 마주하고
내 자리에 앉았다

눈물겹구나

이 아침이,
감당할 수 없는 이 벅차오름이
숨 쉴 수 있는 이 아침이

비 내리는 아침은
빗소리가 좋고
바람부는 아침은
바람 불어 좋고
단지
네가 꽃이어서 좋듯
난
이 가난한 아침만으로도
마냥 행복하단다

아침이다
다시 또

2020. 8. 12. 미산산방에서 햇아침을 맞이하며 갈기다

날마다 하얀 아침을 맞이한다는 것은
가슴 터지도록 벅찬 일이고
진정 눈물겹게 고마운 일이다

새로운 하얀 아침마다
살아 숨 쉬는 그 자체만으로도
넘치는 행복이고
기적같은 일이다

하루라는 단위가 시작되는 아침은 온통 새로움으로 가득해서 좋다
지나간 어제의 묵은 아쉬움도 아니고
오지 않은 불확실한 내일도 아닌
그저 오늘을 여는 하얀 대문이어서 좋다

날마다 맞이하는 하얀 아침엔
그저 빈 마음으로
나를 어루만지고 다독이며
작은 새 되는 기도를 할 일이다
꽃의 향기로 영혼을 씻고
바람의 노래를 부르며 가비얍게 내 길을 걸을 일이다

가자,
눈물겹게 고마운 내 하얀 하루에게로

주말 & 詩 – 15
편지

달도 별도 잠든
죽음처럼 까만 밤
홀로 깨어 앉아
당신에게 부칠 하얀 편지를 씁니다
까만 글씨로 쓰고 싶었지만
그대 읽을 수 없을까 염려되어
하얀 새벽
井華水처럼 말간 글 길어다
한 올 한 올
수놓듯 하얀 편지를 씁니다

편지에서 눈물 맛이 나거들랑
나 아직
꽃 그리워함을 추억하며
그저 빙그레 미소 지어 보내고
글에서 그리움 묻어나거들랑

나 아직
그대 가슴에 살아있음을 기뻐하며
그저 살포시 내 이름 묻어주시구료

봄이 올 때까지는
아직 조금만 더 기다리면 되는데
폭설 나리고
나리고
나리기만 하여
꽃은 지치고 달도 별도 지치고
내 노래는 무뎌만 지고
무뎌만 가고

시인은
눈 나리는데
죽음 같은 잠속에서 헤어날 줄 모르고

아,
이불 속에 갇힌 꿈이여!

2021. 1. 18.

가끔 슬프다
죄 없는 안해 마저 어찌하지 못하는 아픈 눈빛 마음빛으로
날 바라볼 때,
그래서 잠 못 이룰 때,
그래서 슬픈 편지를 몰래 써야할 때,
난 슬프고 슬펐고 또 슬플 테다

읽을 수 없는 편지를 쓰는 사람의 마음을 알까, 사람들은?
하얀 새벽
구절초 빛 새벽에 한 올 한 올 까만 점으로 새겨
편지를 쓰고 싶지만
다시 아플까봐
또 아플까봐
더 아플까봐
차마 쓰지 못하는 서러운 시인의 마음을 알까, 사람들은?

詩人이어서
詩人의 언어로
아픔을, 아픔마저, 아픔조차도
詩같은 비밀 편지로 쓸 수 있음은 또 얼마나 행복하고 다행스러운 일인가?

아직은 詩를 써야할 때
아즉은 남아있는 詩를 길어올려야 할 때
아즉은 남은 사랑을 부여안고 부여안고 노래 불러야할 때
아즉은
남아있는 鮮血로 뜨거운 사랑을 노래할 때

주말 & 詩 – 16
내 그리움 절벽은 언제나 '엄마'더라

지난 밤
그리움으로 뒤범벅 된 어둠 속
먼 데서 오신
잠 못 이루는 바람의 무리를 따라
나도 함께
그날의 바람처럼 온밤을 쏘댕겼습니다

바람이 일고
그리움이 狂風처럼 휘몰아치고
그리움이 그리움을
그리움 그리움 그리움 밤새도록 낳더니
노래도 쉬고
눈물도 쉬고
그리움마저 쉬어버린 새벽
난, 끝내
'엄마'라는 그리움 절벽 앞에서

주저앉고 말았습니다

그렇게
그리움은 멈추고
그리움은 가라앉고
그리움은 물기 없는 눈물 되어 흐르다
절벽 끝에 서서 난
그래도 엄마를 꼬옥 품고
억겁 그리움 속으로 빨려들어 갔습니다

당신,
내게 그리움으로 오신 당신은
어느 그리움 절벽 앞에 서계시나요

온통 그리운 날이 있다
어릴 적 기르던 독꾸도, 간질병 앓다 별이 된 동무도,
장독대 채송화며 봉숭아, 백일홍이며 과꽃,
춘천 공지천 둑길이며 포장마차,
서울 종로2가 세운상가 뒷골목 대폿집,
가리봉동 닭장 같았던 쪽방들
그리고 홍천 어느 산골 학교의 여름밤

주체할 수 없을 정도로 퍼붓는 장맛비처럼

끝도 없이 헤집고 나오는 그리움 목록들은
마치 꼬리에 꼬리를 물고 달리는 추억 열차처럼 나를 밤새도록
끌고 다니지만
내 그리움의 끝은 언제나 '엄마' 라는 사실이다

'엄마'는
내 노래가 되고
詩가 되고
별이 되고
아픔이 되고 기쁨이 되고
슬픔도 되고 안타까움도 되고
목이 쉬어 터지도록 불러도 불러도 대답 없는 축 처진 메아리가 되고
그러다 결국
가슴에 묻어야만 빛이 나는 별이 되고
난,
더 이상 갈 수 없는 '엄마' 라는 그리움 절벽 앞에 선 고아가 된다

까마득한 그리움 절벽 아래엔
'엄마'가 살아 계실까?

주말&詩 - 17
하얀 시집(詩集)

내 詩를 당신 머리맡에 살포시 내려놓습니다

당신이 잠드신 사이
가녀린 바람으로 다가가
하늘하늘 흩날리는 그대 고운 머릿결로 몇 줄 쓰고
당신 고운 香 한줌 얻어다
내 心淵가 작은 흙집에 별처럼 뿌려두고

다시
곱게 잠든 당신 뜨락으로 달려가
가슴가슴
콕
콕
박히는 그리움 별로 내려
그대 안에 나를 뿌리고 싶습니다

오늘처럼
내가 맑아지는 날은
아주 고운 詩語만 골라
그대 하얀 가슴에
한 올 한 올 고운 詩만 수놓고 싶습니다

첫닭조차 울지 않은 새벽,
혹여 당신 잠 깰세라 비밀스러운 꽃잎처럼 일어나
밤새,
몰래 내린 눈으로 온 세상이 온통 하얘진 들판을 바라보는
마음으로
사랑하는 당신의 잠든 모습을 봅니다
구절초처럼 해맑은 당신 모습을 봅니다
아름답게 지친 그대 숨결을 느낍니다

당신을 닮아 내가 좋아하게 된 꽃 구절초를
내 뜨락에 별인 양 흩뿌려 두고
구절초처럼 다소곳하고 은은하고 순수한 당신을 위해
첫닭조차 울지 않은 새벽
정화수 떠 놓고 간절하게 빌던 엄마의 마음으로 詩가 사는 집을 짓습니다
별을 사랑하는 마음으로
별을 품은 눈으로
당신을 떠올리며 한 올 한 올 하얀 언어들만 골라
당신을 위한 하얀 詩를 지어 바칩니다

별이 될 내 그리움을 담아
그대 가슴에 콕 콕 수 놓습니다

오늘처럼
내가 다시 맑아지는 날
마즈막 남은 내 사랑까지 길어 올려
사랑하는 내 당신 그대 가슴에
별이 될 하얀 그리움을 수 놓습니다

주말 & 詩 - 18
하얀 새 되어 날다

이리노테칸을 온몸으로 받아들인 날은
첫날밤처럼 길어서 좋다
아프다
슬프다

1984년 12월 23일
강릉 경포호 송월장
그리고
2021년 春三月 초아흐렛날
국립암센터 병원 동 2층 외래주사실
두 개의 무대를 넘나들며
나는
첫날밤같이 하얀 시트에 누웠다

길고 긴 별들 지던 송월장
fade out 되고

달 뜨는 주사실
close up 된다

꿈인 듯하다
하면
아프고
아픈 듯하다
하니
꿈이다

이리노테칸 춤추는 첫날 밤
난,
송월장 하얀 시트를 온몸으로 감싸고
呻吟 삼킨 하얀 새 되어
날았다

2021. 3. 10. 03: 45

항암 44차, 항암제 이리노테칸 맞고 온 날 적바림하다

항암제 이리노테칸을 맞고 온 날
약 기운이 온몸을 돌고 돌아 내 몸이 온통 약물로 절임 당할 즈음이면

어느새 깊고 깊은 밤이 된다
밤은 깊어만 가는데
독한 약물로 인해 나는 쉽사리 잠들지 못하고
칠흑같이 까만 밤의 길고도 긴 터널 속을 서성댄다

문득
1984년 12월 23일, 지독히도 추웠던 겨울날
신혼여행지인 강릉 경포호 주변의 모텔 송월장이 온달처럼 떠오른다
비로소 내 안의 해가 된 예쁜 안해 혜숙이
아픔이라곤 몰랐던 건강한 남자 은범이
영화처럼 휘영청 동동 뜬 경포호의 달과 달빛 어린 하얀 침대 시트

그러한 잠시,
2021년 3월 9일,
국립암센터 병원 동 2층 외래주사실
내 곁엔 어느새 지친 안해가 슬픈 눈빛으로 날 바라보고
어느새 늙은 난,
시골 장터 여인숙 같은 혼탁한 병상에 누워
하얀 꿈을 꾸고 있다

항암제 이리노테칸을 맞고 온 첫날 밤은 여전히 길고
아픔이 서서히 온몸을 짓뭉개기 시작할 즈음,
난 신음을 독하게 삼킨 채 한 마리 하얀 새 되어
아득한 날의 송월장으로, 송월장으로 신혼여행 떠나는 건강한 은범이가 되어
내게 와 해가 된 예쁜 안해 품속으로, 속으로 깃들고 싶은데

밤은 여전히 길고
내 아픔은 잠도 잊은 채
스멀스멀 山房을 갉아먹고만 있다

주말 & 詩 - 19
아버진 키가 작았다

울 아버진 키가 작았다

하얀 새벽
뼈만 남은 지게
작은 어깨에 걸치고
도둑처럼 몰래 빠져나가
해도 지칠 대로 지친 검은 저녁
山만한 지게 나뭇단에 묻혀
십자가 매단 예수님처럼
흐느적거리며 들어오셨다

아버진 대체 무슨 죄를 지으신 걸까?

지겟다리에 매단 항구 도시락
양지바른 솔숲 바위틈에 앉아
얼음 같은 밥덩이를 목구멍으로 넘기시곤

아흐
눈물 숭늉 삼키셨다

그 아들도 키가 작았다
새벽 군불 때는 아부지가 구워주시던
감자며 풋콩
가슴 까맣게 먹어댔지만
아들은 키가 작았다

귀신들만 깨어있는 하얀 새벽
비좁게 갈라진 黎明 속
아들은 키 작은 아버지 되어
지게 대신 病을 안고
눈물 숭늉 삼켜댔다

어버지의 노래가 들린다
'인생이 살면 얼마나 사나~~'
눈물 숭늉 마시고
솔숲 양지바른 바위틈에서
꺼이꺼이 불러대던 아부지 노래
잠 못 이룬 내 가슴에
癌꽃 곱게 피워놓고 僧舞를 춘다

새벽 4시 귀신들만 깨어 있는 하얀 새벽에

나 어릴 적
기억 속의 아부지들은 대체로 키가 작았다
이른 아침밥을 의무처럼 꾸역꾸역 드시고
지겟다리에 검은 항구 도시락 질끈 묶어 달곤
십자가를 맨 예수님처럼 저 높은 곳을 향하여 홀로 새벽길을 걸으셨다
구도자가 되신 걸까?
내 아부진 여덟 식구들의 가장으로서 감당하기엔 너무나 벅찬 짐을 지으셨다
그 짐의 무게에 짓눌린 울 아부진
키가 작았다

하루해가 뉘엿뉘엿 뒷산으로 저물 무렵
울 아부진
아부지 키보다 두 배는 더 높을 것 같은 지게에 나뭇단을 쌓고
머리엔 가시관을 쓰고
흐느적흐느적 돌아오셨다
지겟다리에 매단 항구 도시락에선
상여 선소리꾼 요령소리 같은 숟가락 장단이 슬프게 울려 퍼지고
내 아부진 밤이면 악몽처럼 잠꼬댈 하셨다
무한 반복되는 노래
'인생이 살면~~얼마나 사나아~~~'

나도 아부지처럼 키가 작다
아부지의 피가 흐르고

아부지의 노래가 흐르는 가문의 혈통을 이어받아
상여 선소리꾼 요령소리 같은 詩를 짓는
슬픈 시인이다
아직은 슬픈 시인이다
조금만 더 아픈 시인이련다

새벽 4시
아직은 하얀 새벽
아부지의 노래가 승무되어 내 어깨에 올라 탄다

주말 & 詩 - 20
아즉 멀었다, 꽃 같을 내 詩는

산골
밤
주기적으로 은은하게 삐걱대는
그네 흔들림 뿐
별도 달도 조심스러운 밤

귀또리
방울벌레
여치
쓰르라미
은밀하게 어우러지는 밤 뜨락은
거룩한 아란야가 됩니다

가을엔
아프지 마라
채우지 마라

탐하지 마라
집착하지 마라

밤은
무심히 깊어만 가고
깊어만 지고
깊어지는데
난,
여직
무거운 낮그넬 탄다

아즉 멀었다,
내 炳은
꽃 같을 내 詩는

해가 지고, 낮이 지고
은밀하고 거룩하게 내 산골 뜨락에 밤이 찾아 옵니다

낮 동안의 온갖 잡념과 찌든 상념들을 잠시 벗어 던지고
뜨락 구석
그네를 탑니다
그저 왔다 갔다, 갔다 왔다 하는 말없는 반복 뿐
산골의 고요한 뜨락이 아란야가 됩니다

가을밤의 은밀한 정적을 깨는 벌레들의 求道頌 속에 묻혀
우주가 전하는 울림을 듣습니다
탐하지 마라, 욕심 부리지 마라, 탓하지 마라, 집착하지 마라
그리고 부디 아프지 마라
아프지 마라.......하거늘
난 여전히 아즉은 아프고 아즉 아픕니다

밤은 깊어만 가고 깊어만 지는데
무심히 흔들리는 그네를 탄 난,
여전히 한낮의 일들조차 지우지 못한 채, 헛꿈만 꾸고 있습니다
집착입니다
아즉 버리고 비우지 못한 미련입니다
다 비우고
비워내고 남은 텅 빈 그릇 같은 마음으로
울림이 있는 하얀 詩를 쓰고 싶은데,
싶기만 한데
아직 멀었나 봅니다
내 炳도, 詩도
꽃 같은 향기 품기까지는

주말 & 詩 - 21
내 봄 뜨락에 당신을 심을래요

내 봄 뜨락에 당신을 심을래요
아프지 않은 내 손으로
땅을 일구고
꽃씨를 뿌리고
아즉 아프지 않은 손으로 물도 주고
그래서
예쁜 당신
내 늘 그리던
꽃 같은 당신을 심을래요

아프지 않은 노래를 부르고
아프지 않은 詩를 쓰고
여전히 아프지 않은 꽃을 보며
당신께 言約할께요

이젠,

아픈 노랜 그만 부르라 하신 당신 말
또 당신 말
당신의 부탁

내 노래가 아프면
내 꽃도 아프고
꽃 같은 내 당신도 아프고
당신 또한 아파 잠 못 이루실 터

이젠 정말
이제는 제발
제발 이제는,
내 슬픈 노래 묻어
당신 좋아하는 보랏빛 용담으로 거듭 나고 싶어요

내 착한 봄 뜨락에
고운 당신을
아,
심고 싶어요

어찌 해야 하나
어찌 해야 하나

당신 가슴에
당신 닮은 꽃들
환하게 피워주고 싶었는데,
눈물 나도록 아름다운 계절이
어느새 속절없이 뚝 뚝 하나 둘 꺾여 스러지는데
난 여즉 아프고
난 여즉 슬픈 시를 쓰고
난 여즉 내 맘 뜨락에 꽃씨도 묻지 못했는데
어찌 해야 하나
어찌 해야 하나

손이 죽고
다리가 죽고
마음마저 지쳐
검어진 백목련처럼 흐릿해지는데
난 아즉 꽃씨조차 묻지 못한 채
슬픈 노래를 흐느껴야 하는 암환자

그래도 난,
당신 위해 부를 내 하얀 詩
언젠간 꽃 피우고야 말 당신 닮은 노래
당신 같은 꽃
내가 사랑하는 구절초 같은 詩
죽어버린 손으로 꽃밭을 일구고
죽어버린 다리로 물 길어다

기어코 피워 내고야 말
내 詩
내 노래
당신 하얀 가슴에 묻을,

2021. 4. 6 항암 46차 / 국립암센터 소풍 다녀오던 날.
암꽃은 여전히 내 몸 구석구석 번져
슬픈 암내를 풍기고 있었다

주말 & 詩 - 22
도마뱀 꼬리처럼

아픔, 주머니에 넣고 길을 걷다
여긴 을수골
안해가 슬며시 주머니로 들어와 손을 잡았다
아픔
흠칫 놀라 주머니 밖으로 달아나다
꼬리가 잘렸다
거기도 을수골이었다

꼬리 잘린 아픔은
땅에 떨어진 도마뱀 꼬리처럼 파르르 떨더니
아,
再生되는 아픔일 줄이야
을수골에서 돌아와 상여 같은 하얀 침대에 누워
새살 돋는 아픈 자릴 보았다
아픔 잘린 자리에서
이끼가 파랗게 돋아나고 있었다

슬프게 이쁘다
아름답게 슬프다
너, 이끼 같은 癌꽃

꿈인가 했는데
아니다, 꿈이
꿈이 아니었다

칼을 메스처럼 갈고
수술용 장갑을 끼고
난
현실 같은 꿈 속
꿈같은 현실 속 환자였다
그랬다

아픔 잘린 자리에선
또 다른 아픔이 재생되고 있었다

202. 3. 1. 아주 하얀 새벽 네 시
내 다리는 어느새 고사목처럼 굳어지고 있었다

C에게 쓰는 편지

을수골로 들어갔어, 무작정
그냥 언젠가부터 그곳엘 가고 싶더라구
하필 왜 '을수골'일까? 라는 의문은 잠시
나생이 이파리로 풀옷 지어 입은 들꽃아낙들 둘,
오대산에서 발원했을 계곡물 옆에 끼고
사랑하는 안해랑 나란히 걷는 길은 말 그대로 꽃길이었지

버들강아지 하이얀 눈도 보고
반지르르 탱글탱그르르한 개구리알도 만나고
山, 골골 훑고 너울너울 어깨춤 추듯 다가와
내 콧등에 안긴 바람도 만나고
동화나라에서만 볼 수 있을 것 같은 하늘을 보다
문득,
뚜걱거리는 걸음 소리에 움찔 멈춰 섰어

'누구 걸음 소릴까?'

한동안 잊어버린
(아니, 어쩜 능숙해진 아픔일지도 몰라)
그 아픔이 되살아나는 거야
무서웠어
그러면서도 반가웠어
참 묘하더라구
내 걸음은 뚜걱거리고, 난 그렇게 목각인형이 된 채,
어느새 을수골 깊숙한 곳까지 갔더라구

참 신기하지
을수골 트레킹을 마치고 돌아오는 길에
까만 고요만 사는 廢家를 만났어
그곳에서 枯死木에 핀 파란 이끼를 보았어
말없는 枯死木에 붙어 사는 시퍼런 이끼를 보며
나도 내 뜨락에 이끼를 들여놓고 싶어지더라구
아니 어쩜, 枯死木이 된 내 다리에 파란 이끼를 입히고 싶었는지도 몰라

꼬리 잘리워진 도마뱀을 본 적 있니, C야?
도마뱀은 잘린 꼬리를 내던지고 달아남으로써 적으로부터 위기를 모면한다지
난 도마뱀의 잘린 꼬리가 아직은 살아서 꿈틀거리는 것을 본 적 있어, 어렸을 적에
그렇게 아픔은 잠시
도마뱀의 꼬리는 기적같이 再生되고
도마뱀은 다시 꼬리를 흔들며 아무렇지도 않다는 듯 살아가고 살아내고……

다시
통증이 번개처럼 예서제서 번쩍거리기 시작했어
고사목에 이끼 돋아나려는지
목각인형의 팔 다리에 찌릿저릿 묵직한 전율이 번지기 시작했어, 다시
죽은 줄만 알았던 딱딱한 다리에
새 살이 돋아나려는 징조인가 봐, 도마뱀 꼬리처럼 말야
죽어버린 세포 자리마다
도마뱀 꼬리처럼 再生이 시작되려나 봐
다시 또 죽어나갈 再生이지만 말야

주말 & 詩 - 23
안녕, 별이 된 그대

눈물이 나
모르겠어, 그냥 눈물이 나
그대가 흘렸을
아주 아픈,
항암제 독기 머금은 잔인한 눈물이 말야

산다는 것이
우리에겐 이 악물고 하루하루 살아내는 거라 믿었는데
자꾸만 무너져 내리는 별들을 봐
별들의 무덤을 봐
어느새 어두워진 우리들의 공동묘지를 밝혀주는
슬픈 사연 꼬리 단 별들을 봐
뭉텅뭉텅
내게 숨겨둔 희망을 건네주고 떠난
하얀 미소 머금은 네 별을 봐

사람들은
누구나 다 별이 된다지만
아파야만 별이 되는
아,
너무나 억울한 사연 꼬리를 단
별
별
별들을 봐

자꾸
눈물이 나
눈물만 나
눈물 젖은 네 별이 자꾸 희미해져
그러다 네가 영원히 사라질까
두려워
무서워

별이 되어 줘
제발
내 별이 되어 줘

안녕, 별이 된 그대

이젠 안녕,

2021. 4. 20.
그리움 별 된 민경란 시인의 영전에 바칩니다

내가 그녀를 알게 된 것은 아주 오래 전이다
늘 유쾌 명랑한 그녀의 성격에 비해 묵직하면서도 예리한 통찰력을 가진 그녀,
상큼한 레몬향 같고 자스민 향기 폴폴 풍기는 느낌을 가진 그녀는
닉네임마저 '자스민'을 쓰고 있었다
그녀의 글에는 보통 사람들에게선 찾아볼 수 없는 깊이와 철학이 담겨 있었고
마치 다른 세계에서 온 신비스러운 존재와도 같은 그런 느낌을 주는 여인이었다

그러던 그녀가
언젠가부터 모습을 보이지 않기 시작하더니
어느날 불쑥 문학상을 수상하는 영광을 차지했다는 소식을 매스컴에서 우연히 접하고
내 얼마나 기뻐하고 행복해 했는지
그녀는 그의 믿음직한 두 아들 이야기로 한껏 맘이 부풀어 올랐고
아들과 함께 떠난 해외여행 사진과 글을
자랑스럽게 SNS에 올려 내 부러움을 산 적도 있었는데,

그녀도 어느새 아팠었단 사실을 난 늦게서야 알았다
항암 치료를 시작하며 항암 과정을 내 블로그에 올린 글을 본 그녀로부터
어느날 불쑥, 나를 위로하고 걱정해주는 글이 올라오고
그녀 자신도 서울대학병원을 오르내리며 항암치료 중이라고 알려왔었는데

또 어느날 불쑥, 그녀 아들로부터 부고가 날아들었다
그녀가 별이 되었단다
그녀가 하늘나라로 갔단다
그녀가, 그녀 민시인이, 민자스님이, 자스민님이……

별이 된 그대
그대,
별이 되신 시인이시여
부디 자스민 향 그윽한 하늘나라에서
아픔 없는 詩 그득그득 지으소서
안녕, 그대 민시인

주말 & 詩 - 24
아픔은 말이야

아픔은 마리야
오로지 내 몫인걸 여즉 몰랐니?
마치
대신 죽어줄 수 없는 죽음과도 같단 마리야

아픔은 마리야
그저 홀로
아픈 대로 아플 수 밖에 없단 마리야

울지 마
아니, 서운해 하지도 마
살빛으로 숨겨둔 아픔은
오로지 네 몫이란 마리야
네 아픔이란 마리야
너 혼자 신음해야할 노래란 마리야
엄마의 암포젤 엠 같은,

아부지의 홀로 아리랑 같은,

슬프지만
마리야
아픔은 너 혼자 짊어지고 가야할
오로지 네 몫이란 마리야
온몸으로 가르쳐 주신
엄마의 암포젤 엠 같은,
아부지의 홀로 아리랑 같은,

마리야,
당신은 지독하게 아파본 적 있나요?
아파서 아파서 너무 아파서 잠조차 제대로 이룰 수 없어
밤을 하얗게 지샌 적 있나요?

아픔은 지독하리만치 잔인하게 나를 괴롭히지만
그 아픔은 사랑하는 사람조차 대신 아파줄 수 없는 오직 내가 감내해야할 몫이란 사실
그래서 더욱 안타깝고
그래서 더 더욱 서러운 나만의 아픔임을 마리야,
그댄 아시나요?

지독하게 아파 아프지만
사랑하는 사람마저 내 아픈 신음소리에 더불어 잠 못 이루고 슬퍼할까봐
죽여 죽여 쉬는 숨소리며 몰래 흘리는 슬픈 눈물의 사연을

마리야,
당신은 이해할 수 있나요?

아픈 날이면
오로지 나만 아픈 날이면
긴 세월 홀로 아파 아파 암포젤 엠 그 파란 甁들의 공동묘지에서
하얀 나비되어 너울너울 춤 추던 엄마의 하얀 승무가 생각나고
밤 새워 부르고 부르고 부르다 지쳐 하늘 별 되신 아버지,
내 아버지의 홀로 아리랑이 생각나요

마리야
다시 아픔이 밀려와요
아즉 동이 트려면 멀었는데
나 홀로 오로지 맞이해야할 아픔이 떼강도처럼 밀려와요
마리야
오, 나의 마리야
내 곁에 있어줘요
제발 내 곁에 있어줘요

주말 & 詩 - 25
아즉은 먼 내 별자리

별 헤다가
헤다가
헤다가
아즉은 머언 그 어드메 쯤
구절초 닮은 하얀 별자리 하나
그리다
그리다
눈물 마른 그 자리
바로 그 어드메 쯤
내 별자리 하나 그리다

아즉은 먼
머언 그 어드메 쯤
구절초 별자리 하나
그리워 그리다 그리다
아즉은 먼

내 별자리 하나
그 머언 먼 어드메 쯤
구절초 별자리 하나

아즉은
아즉은,

내
별자리 하나
머언
아주 먼

언젠가부터
별들을 보고 있노라면 별들마다의 사연 쪽지를 함께 상상해보는 버릇이 생겼다
사람은 죽어 하늘 별 된다고 믿는 만큼
숱한 별들이 잠 못 이루며 반짝거리는 明滅에 나도 잠시 별이 되어 본다

별은 외로워 홀로 빛나지 않고
별은 서러워 혼자 반짝이지 않는다
그들은 별자리를 만들어 함께 빛나고 함께 슬퍼하며 까만 밤을 지새고 있는 것이다

나,
언젠가는 하늘 별 되는 날

별이 되어 하늘로 가는 날
그날
별이 되려면 아직은 멀었지만,
아니 멀었으면 좋겠지만
언젠가는 별이 될 텐데,

별이 되어
바란다면,
바라건대
내 별자리에선 구절초 향기가 났으면 좋겠다
순백의 안해를 닮고
순백의 별빛을 간직한 구절초 별자리
하얀 구절초 별자리 되어
사랑하는 안해 어깨에 기댄 별 둘
그리고
안해 가슴에 둘
내 눈에 둘
그렇게 하얀 구절초 별자리 되어
죽어서도 詩를 노래하는 詩人이고 싶다

아직 별이 되려면 멀었지만,
멀었으면 좋겠지만

주말 & 詩 - 26
내가 사랑하는 사람은

내가 사랑하는 사람은
혜숙이처럼 다소곳한 사람입니다
자신을 낮추고 남을 높일 줄 아는,

내가 사랑하는 사람은
혜숙이처럼 겸손한 사람입니다
나를 드러내기 보다는 나를 잠 재우고
나를 내려놓을 줄 아는 참 겸손을 아는 사람입니다
난 그런 여자 혜숙이를 사랑합니다

내가 사랑하는 사람은
속이 아름다운 사람입니다
명품 백 하나 없어도 늘 예쁜 사람
명품보다는 폐품에 생명 불어넣어 주는 사람
바로 내 여자 혜숙이 같은 사람입니다

내가 사랑하는 사람은
흙을 사랑하는 사람입니다
네일 아트로 헛 치장한 인조 손톱보다
손톱 밑에 낀 흙때를 사랑하는 사람
바로 내 여자 혜숙이 같은 사람입니다

참한 사랑은 나대거나 우쭐거리지 않는 들꽃 같은 사랑일 것이다
꽃집 붉은 조명 아래에서 빛나는 카라꽃보다
한적한 산골짜기 길가에 핀 구절초에서 풍기는 다소곳함이 더 꽃답다
사랑도 그러하다
디소곳함과 겸손함에서 은은하게 스며 나오는 사랑 향기
내가 안해 혜숙이를 사랑하는 이유 중의 하나다

사랑은 나대지 않아도 홀로 아름다운 법
겉으로 드러나 보이는 억지 아름다움보다
은은하게 감추어진 내면으로부터 전해지는 그윽한 향기가 더 아름다운 법
꾸미지 않은 들꽃에서 풍기는 자연미
그런 거짓 없는 아름다움을 간직한 순백색 미인 내 여자 혜숙이
내가 그녀를 사랑하는 또 다른 이유다

온갖 악세사리와 명품으로 치장한 아름다움은 향기 없는 조화 같은 허상일 뿐
벌 나비도 오지 않는 거짓 아름다움은 진정 아름다움이 아니다
맨손으로 흙을 일구고, 꽃을 가꾸며
얼굴 흠뻑 진한 땀을 흘린 채 미소 짓는 해바라기 같은 내 여자 혜숙이

인조 손톱보다 손톱 밑에 낀 흙 때가 더 아름다운 여자
그런 여자의 거친 손이 더 예쁜,
나는 그런 여자 혜숙이를 사랑하는 안해바라기
안해바라기꽃이 되어 오래오래 그녀 곁 그림자 되어
그녀를 사랑하는 이유를 꼬박꼬박 노래하고 싶은,

아, 나는 詩人이고파

주말 & 詩 - 27
내 꽃이 아니어도 좋다

꽃은
지금 당장 피지 않아도 좋다
지금 당장 향기 나지 않아도 좋다
내가 심는 꽃이
내 꽃이 아니어도 좋다
언젠가
바람 불고 찬비 내리는 쓸쓸한 날
누군가의 꽃이 되어
바람 같은 전설을 들려줄
꽃이라면 좋겠다
꽃이어도 좋겠다

꽃은 핀다
내 나이 늙어도
내 나이 멈춰도
꽃은 핀다

비록 내 꽃이 아니어도,
훗날 이 자리에 앉아
꽃들이 전해주는 전설을 들으며
그 누구도
한 알의 꽃씨를 묻는 꽃사람 되었으면 좋겠다

스피노자는
'비록 내일 지구의 종말이 오더라도 난 오늘 한 그루의 사과나무를 심겠다'고 했던가?
참으로 대단한 삶의 철학이다
당장 눈앞에 마지막이라는 절망적인 순간을 앞두고
한 그루의 사과나무를 심겠다는 마음가짐은 아무나 가질 수 없는,
어떤 경지에 이른 사람만이 가질 수 있는 사고방식이리라

호들갑 떨거나 나대지 않는 덤덤함으로
늘 자신의 인생관에 충실하며
세파에 흔들리지 않고
세파에 이끌리는 삶이 아닌
자신이 삶의 주인공이 되어 자신의 색깔로 자기 그림을 그려가는 삶이

그래,
바로 이것이다

비록 사과나무는 아니어도
내 작은 뜨락에 거짓없이 피고 지는,

억지 꾸밈없이 피고 지는 꽃들을 심고 가꾸며

그네들의 언어에 귀 기울이고

그네들의 피고 짐을 따라 나이 들고

그러다 어느 날,

내 별자리를 찾아 하늘별 되는 날

내 나이 멈추는 어느 날

내 꽃자리에 앉아

어느 슬픈 사람, 어느 가난한 연인

어느 쓸쓸한 시인, 어느 착한 부부, 어느 늙은 그림자 둘

내 꽃자리에 앉아

꽃들이 전해주는 꽃무지개 속 전설을 들으며

그 누구도

한 알의 꽃씨를 묻는 꽃사람 되었으면 좋겠다

주말 & 詩 - 28
주루룩 눈물이 나서 깼다

꿈결인가 했는데
눅눅했다
콧물인가 했는데
끈적했다

주루룩 눈믈이 나서 깼다
콧물이 나서 깼다
안해 옆에 도둑숨 쉬는 시체처럼 누워 있다
엄마 생각 나서 깼다
다리가 저려 버둥거리다 깼다
안해 깰까 몰래 깼다
새벽도 따라 몰래 깼다
아픔도 따라 깼다
하늘도 깨고
별도 깨고
뒷산에서 숲바람도 뗏소릴 내며 깼다

그러고 보니
혼자다
저마다 혼자다
아픔도,
꽃도,
잠도,
다 혼자였다

2021. 6. 2. 새벽
누가 내 잠을 깨웠나
50차 항암치료 받고 오던 날 적바림하다

어느새,
어느새 내가 항암치료를 시작한지 벌써 절반의 100번 째를 맞이했다

나도, 암도 참 모질고 모질다는 생각이다
2018년 12월 28일
춘천 모 대학병원에서 위암 말기 판정을 받고
2019년 1월부터 본격적으로 시작된 항암치료

그 동안 내 몸을 거쳐 간 항암제만 해도 여럿
그 어려운 약물 이름조차 가물가물하다

모두에게 미움 받고 두려움의 대상이 된 암
암적 존재라는 말, 죽음을 떠올리게 하는 말 '癌'
녀석을 죽이기 위해, 내 몸에서 떼어내기 위해 주입한 독한 항암제는
어느새 나를 病身으로 만들어 버려 일상생활에 큰 불편을 주고 있지만,
난 癌이란 손님을 미워하지 않는다
癌도 다 내가 불러들여 내게 온 귀한 인연인 걸
모든 것은 인연으로 왔다가 인연 다 하면 떠나게 되어 있는 법
녀석이 아직 내 몸에 머무는 것은 떠날 때가 되지 않아서이다
인연이 다 하지 않았기 때문이다

아파라
그래, 아플 대로 아파라
맘껏 저리고 아프고 날 괴롭히고 들쑤셔대라
사랑하는 내 안해, 내 아들 딸, 내 형제들
그리고 나를 위해 묵묵히 빌어주는 많은 인연님들은 아프게 하지 말고
오직 나만 아프게 하라
나 하나만 아플 테니, 나 혼자만 아플 테니
제발 나 아닌 사람들은 아프지 말게 하라

제발 빈다, 네게

주말&詩 - 29
난 밤마다 엄마가 된다, 憑依

깼다
꿈에서조차
쿡쿡 찔림 당하는 묘한 아픔에 깨어 일어나 앉았다
밤도 아니고 새벽도 아닌 시간
이 애매한 시간에 난,
서러운 글을 쓸 수밖에 없음이 슬프다

보여줄 수 없는 아픔이 안타깝다
아니다
차라리 잘된 일이다
내 아픔의 무게를,
내 고통의 깊이를 볼 수 있다면
나 아닌 네가 얼마나 괴로워 할까?
그래, 차라리 홀로 아프자

울 엄마도 홀로 아팠다

뒷동산 여우 서럽게 울어대는 그 비밀스런 시간
홀로 흐느끼는 엄마의 하얀 어깨를
난
보았다

까만 어둠 속
모두가 잠든 밤
홀로 깨어 승무를 추던 엄마의 하얀 어깨
그 어깨가 흘리는 하얀 고통
구절초가 된 하얀 아픔을
난, 보았다

빙의 憑依

하얀 밤마다 엄마가 된다
딱 그 즈음
딱 그 만큼의 아픔으로

엄마의 아픔이 이러했을까
새벽을 깨우던 엄마의 파란 고통도 이러했을까

엄마의 젖은 파랬다

칼집 낸 파란 상채기에선
고무 진액 같은 끈적한 피가 흘렀고
난
그 허연 피를 보며 눈물잠을 잤다

내 나이 등 푸른 열일곱에
가문의 역사는
그렇게 시작되었고
病들은 그렇게 家風이 되었다

난
새벽마다 엄마가 된다
딱 그 즈음
딱 그 만큼의 아픔으로

내 엄마도 아팠다
나보다 훨씬 더 푸른 나이에
울 엄마는 홀로 아프셨다
밤마다 뒷산 서러운 여우처럼 울어대시던 엄마
개미 같고 거미 같았던 엄마의
그 시리도록 서러운 아픔의 깊이를 그 누구도 알지 못했다
나도 모르고 너도 모르고 우리 모두는 몰랐다

파란 병의 하얀 위장약, 암포젤 엠은
공동묘지처럼 뒤꼍에 쌓여만 갔고
엄마는 파랗게 파랗게 죽어가고 있었다

엄마의 파란 젖을 먹고 자라서 일까?
저주받은 가문의 내력일까?
내 막내 여동생도
작은 누이도 엄마처럼 아프다

그래, 그런지도 모른다
엄마의 파란 젖을 먹고 자란 우리들이기에
저마다 엄마만큼 아픈지도 모를 일이다

아픔은 혼자다
엄마만큼이야 아프겠는가 마는
아픔은 저마다 짊어져야 하는 서러운 십자가다
홀로 아프자
나만 홀로 깨어
나만 홀로 아파야 한다
밤마다 파란 엄마가 되어 엄마처럼 아파야 한다

아,
오늘 밤에도 난 엄마가 되어 엄마처럼 아플 테다
엄마만큼이야 하겠는가 마는
엄마의 숨죽인 신음만큼
홀로 파란 별 되어 파란 노랠 부르리라

주말 & 詩 - 30
찔레장미

꽃이 핀다는 것은
얼마나 눈물겨운 일이더냐
눈물겹게
피워낸 작은 꽃을 바라보는 일은 또
얼마나 가슴 울컥이는 일이더냐

이른 아침에
몰래 혼자 핀
찔레장미를 보았다
보드란 속살
아직 찌르지 못하는 가시
다 피우지 못한 은밀함
속
그 깊숙한 속에 깃든
찔레장미의 비밀을 훔쳐본 것 같아
나도 곁에

꽃 같이 앉아
머리부터 발끝까지
여린 가시 잔뜩 세우고
파르르 여린 하얀 속살을 말리고 있었다
너처럼, 너인 양

아,
꽃을 피우는 일은
얼마나 눈물겨운 울컥거림인지
얼마나 절절한 사랑인지
아픈 이후로 에야 알았다

2021. 6. 12.
이른 아침
갓 피기 시작한 찔레장미를 보다 적바람하다

마냥 고요하기만 하던 대지의 생명들이
하나 둘 잠 깨어 일어날 즈음,
나도 따라 하얀 새벽을 살고마니 맞이합니다

하루가 열리는 비밀스러운 새벽 고요
그 고요하기만 한 하얀 하루와의 첫 만남은 얼마나 신비롭고
또 얼마나 거룩한지요

이슬 내린 풀밭이며, 운무 머금은 수리봉
부지런한 숲 산새들의 나즈막한 지저귐
내 작은 텃밭 채소들의 싱그러운 초록 기지개
게다가 이제 막 열리기 시작하는 여린 꽃잎의 떨림
그 가녀린 떨림을 보는 순간 숨이 헛!
멎는 듯합니다

갓 피워낸 꽃잎을 보는 일
그 비밀스러운 몸짓을 보는 일은
온갖 신비로움으로 갓 지어낸 옷을 입고선
아름다운 여인을 보는 듯한 가슴 떨림입니다

꽃은 절로 피지 않고
홀로 피우지도 않으며
꽃은 겉으로만 피지 않고
꽃은
보이지 않고 보여주지 않는
홀로 아픔으로

그렇게 살아내고 살아내고 또 살아내다 피운
아픔덩어리인지도 모르겠다는,
동병상련

그래서 하얀 새벽에 피운 꽃은 보는 게 아닌지 몰라
아직 무디기만 한 여린 가시

아픔조차 모르는 풋가시 좀 더 단단해 지고
이슬 머금은 꽃잎 반지르르 마른 다음
빨간 꽃잎으로 독하게 무장한 꽃을 보아야
덜 아플지도 몰라
하얀 새벽에 피운 꽃은 그저 홀로 보아야 되는 아픔일지도 몰라

주말 & 詩 - 31
연잎 밥

아득하게 가까운,
예쁜 밤나무 숲
별 마을에 사는 시인이
기인 꼬리 달고 내 저녁에 나렸다

밤나무 오얏나무 엮어 만든
바구니 속
蓮잎으로 겹겹 감추어둔 눈물
달도 꽉 차 그렁그렁 온달인데

아,
목이 메어
울컥울컥 목이 메어
난 그만 주루룩
눈물에 말아 삼켰다

蓮잎이 미산님께 좋다고 해서요
문득,
생각이 났어요
그저
맛있게만 드셨음 해서요

蓮잎 한 꺼풀 벗길 때마다
緣잎 한 꺼풀 벗길 때마다
차마 목이 메어
차마 목이 메어
눈물에 말아
울컥울컥 눈물 밥을 삼켰다

그날은 달이 유난히 밝고 컸다
온달인 게다
안해랑 뜨락 그네를 타며 온달을 보고 있노라니
또 울컥 눈물이 난다

저녁에 안해 몰래 눈물 흘리며 먹은 연잎 밥이
목구멍까지 울컥 치올라
헛기침을 해댔다

연잎 밥을 드시다가
문득 연잎이 암환자에게 좋다는 말을 듣고
그저 덜컥 보내주셨을 연잎 밥 한 보따리
김 모락모락 나는 연잎 밥을 저녁상에 올려놓고
나랑 안해는 한 동안 말을 할 수 없었다
고마워서
참으로 고맙고 미안해서
눈물이 나서
울컥 울컥 목이 메고 눈물이 나서

고마운 일이다 참
참 고맙고 또 고마운 緣이다
나로 인해 마음 쓰셨을 밤나무 숲에 사는
시인님께 미안함과 고마움이 동시에 든다
나만 아프면 되었는데
난 왜 이리도 많은 인연님들께 폐를 끼치며 살아야 하는 걸까?

눈물 밥이 된 연잎 밥을 먹으며
밤나무 숲에 사는 시인님께 졸시를 지어 달빛에 부친다

주말 & 詩 - 32
영시암엔 그리움만 보냈다

백담사 그리워
그리움 넷 데불고 가던 날
百潭 구비구비
단풍마저 그리움빛으로 늙었더라

늙음도 서러운데
저마다 숨겨 둔 病들이랑 동행한 채
과거형이 되어버린 대화는
슬픔이었다

백담계곡 돌탑만큼의 그리움
억겁의 바위 痕만큼의 그리움은
별이 되었나
山이 되었나
화석이 되었나

영시암, 오세암, 마등령, 봉정암, 중청 대청은
어느새 깊은 추억이 되었고
백담사 다리 건너 영시암 가는 길
삶은 감자 눈에 선하건만

영시암엔
그리움만 홀로 보내고
난
발길을 돌려야했다

용대리로 나오는 마을버스 안
추억은 심하게 멀미를 하고
봉정암에 남겨둔 아득한 국시가
목메이게 그립더라

이미 지나간 추억들은 가끔 진한 그리움이 된다
그 그리움의 대상이 기쁜 일이든 슬픈 일이든 말이다
그리움 안고 사는 이웃 오언니랑 권형님을 모시고 백담사로 단풍 여행을 떠났던 날,
두 분의 대화는 어느새 온통 지나간 과거에 대한 되새김질로 가득

'그때 봉정암 가는 길에도 지금처럼 단풍이 참 고왔었지요.'
'대청봉 정상에 부는 칼바람을 맞으며 바라 본 설악의 자태는 정말 장관이었는데……'
'공룡능선을 거침없이 넘던 때가 엊그제 같은데……'

몸은 어느새 단풍빛으로 물들어 울긋불긋한데
간직한 추억은 여즉 푸르기만 하다

아, 언제였더라
안해와 함께 봉정암 가던 날
수렴동 계곡 물소리 새소리 바람소리에 취해
힘든 줄 모르고 거침없이 걷고 또 걷던 길에 만나 잠시 쉬어가던 영시암

오랜 침묵 속 잿빛 그늘에 서린 영시암 너럭바위에서 먹던 감자
그 감자가 생각나 백담사 다리를 되돌아 건너 영시암으로 가다 가다
목각이 되어버린 다리로는 더 이상 다가갈 수 없음에
발걸음을 되돌려야 했던 안타까움

젠장,
영시암은 마음 속에 살아 눈 앞에서 꿈틀대건만
그리움만 보내야 했다
가고 싶은 마음만 보내야 했다
나도, 오언니도 권형님도

갈 수 없는 그리움
만질 수 없는 그리움
어느새 아득한 시절의 전설이 되어버린 그리움을 간직한 채
용대리로 돌아가는 마을버스 안엔 슬픈 침묵만이 흐르고 있었다

주말 & 詩 - 33
인연은 다하면 강으로 간다

인연은 구름처럼 왔다가
구름처럼 가기도 한다는 것을,
바람 한 점도 인연 따라 왔다가
또한 그렇게 바람처럼 떠나는 것을,

슬퍼하지 말자
슬픔도 구름 같은 것
피었다 몽글몽글 지는
슬픔도 꽃과 같은 것

꽃이 진다고
그대
인연 하나 바람결에 날려 보냈다고
다시 또 꽃이 졌다고
우리 슬퍼하지 말자

슬픔도
설레임도
아쉬움도
애증도
그렇게 흘러 흘러
인연강에서 만나
유유히 흐르나니

내 사랑하는 사람아
바람이려마
구름이려마
다시 하나 되어 흐를 물이려마

창틈으로 들어온 바람이 내 살갗을 스친다
그렇게 잠시
나를 스쳐 지나간 바람은 대체 어디서 온 것일까?
난 모른다
한 줄기 바람이 대체 어디서 왔는지도 어디로 갔는지도
그저 스쳐 지나간 수많은 인연 중 하나라는 사실만 알 뿐이다

내게 온 모든 것들은 인연 따라 왔다
인연 다 하면
아무 미련없이 떠나는 구름 같은 것, 바람 같은 것, 물 같은 것

구름을,
바람을 잡을 수 있는가?
잡으려 하지 마라
집착하지도 마라
인연 하나 떠난다고 슬퍼하지도 마라
인연은 그렇게 바람처럼 왔다가 바람처럼 떠나가는 것, 떠나보내야 하는 것

그 예쁘던 꽃도 인연 다하면 지는 법이고
사랑하는 사람들도
사랑했던 사람들도 인연 다하면 하늘 별 되는 법
인연 다해 떠나는 것들을 슬퍼하지 마라
다시 또 흘러 흘러 인연강에서 만나 하나 되어 흐를지니
네게와 인연으로 머무는 동안
그것이 비록 악연일지라도
맘껏 사랑하라
맘껏 그리워하라
그리하여 먼 훗날 인연강에서 다시 하나 되어 만나는 날
뜨거운 키스를 할 수 있도록
네 인연을 사랑하고 또 사랑하라
바람 한 점도,
네게 온 인연이리니
네게 온 암조차도 꽃 같은 인연일지니
미워하지 마라
다 네게 온 인연이리니

주말&詩 - 34
울지마라

하나가 떠나니
하나가 떠나고
하나가 가니
또 하나도 가고

하나
하나
그렇게 떠나고 가니
나도 너도
홀로 남았구나

울지마라
누구나 하나로 왔다
하나로 가는 것

다 떠나고

너만 나만 홀로 남았다고
울지마라

누구나
하나로 왔다
하나로 가는 것

슬프지만
누구나 떠난다

회자정리(會者定離), 거자필반(去者必返), 생자필멸(生者必滅)

회자정리(會者定離) : 만난 자는 반드시 헤어짐. 모든 것이 무상함을 나타내는 말이다.
거자필반(去者必返) : 헤어진 사람은 언젠가 반드시 돌아오게 됨.
생자필멸(生者必滅) : 생명이 있는 것은 반드시 죽음. 존재의 무상(無常)을 이르는 말이다.

만남은 헤어짐을 전제로 하고
헤어짐은 또 다른 만남을 기약하는 것
살아있는 모든 것은 언젠가는 사라져 간다
살아있는 나도 언젠가는 떠난다
사랑하는 엄마가
그리운 아버지가, 내 친구가, 내 인연들이 내 곁을 떠났듯
살아있는 모든 것들은 언젠가는 떠난다
슬프지만 그렇다

어찌 보면 산다는 것은 만남과 헤어짐의 끝없는 반복으로
이루어지는 건지도 모른다
누구나 다 홀로 왔다 홀로 가는 법
사람 하나 떠났다고
사랑하는 이랑 헤어졌다고
나만 홀로 남았다고 슬퍼하지 마라
누구나 다 여럿인 하나인 걸
하나인 여럿인 걸

주말 & 詩 - 35
그리운 것들은 다 어디로 갔냐고요?

그리운 것들은
모가지 길게 뽑고 치어다 봐야 보이는
별이 되었을지도 몰라요
내 등 푸른 열일곱
그 목 메이게 억울한 열일곱에
울 엄만 벌써 별이 되셨고,
내 어릴 적 기르던 충직한 똥개〈독꾸〉도,
쓸쓸함을 안주삼아 對酌하던 친구 용구도
별이 되었거든요

그리운 날이면 그리운 만큼 하늘을 봐요
모가지 잔뜩 꺾어 하늘을 봐요
그러면 눈물도
흐르지 못하고 고이거든요
함께
하늘 별

어깨 맞대고 치어다 볼
그런 친구 하나
그립습니다

K님,
그리운 것들은 모두 별이 되었다니까요
이제 쯤이 되었나요?

K님,
어제도 산방 뜨락 그네에 앉아 서늘한 밤하늘에 구절초처럼 핀 별들을 보았습니다
더러는 가깝고 밝게
더러는 멀리 희붐하게 명멸하는 별들을 바라보며
'그리운 것들은 다 어디로 갔나요?' 하시던 당신의 눅눅한 물음에
화석이 되어버린 그리움들을 다시 조심스레 꺼내 보았습니다

어릴 적 이맘 때
마당에 멍석을 깔고 팔베개하고 누워 밤하늘의 뭇별들을 바라보며
별 하나 나 하나
별 둘 나 둘
별 셋 나 셋……
노래하듯 별을 헤던 날의 추억도 어느새 늙은 별이 되어 하늘에 동동거리고
나는 추억을 먹는 나이가 된 나를 발견하곤 스르 눈을 감습니다

그리움이 샘솟고

그리움이 별이 되고
그리움이 눈물이 되어 은하수처럼 흐르는 날이면
K님,
그리운 만큼 하늘을 보세요
모가지 길게 뽑아 한껏 뒤로 젖힌 채 하늘 별들을 보세요
그리고
내 어깨에 죽음처럼 기대어
눈물 속에 아롱진 그대
그대의 그리움 꽃,
별이 된 그대의 그리움들을 만나 보세요

K님,
그리운 것들은 모두 별이 되었다니까요
이제 쯤이 되었나요?

주말 & 詩 - 36
아프다, 많이

엄마,
난 요즘 아무 것도 할 수 없어요

하루 종일 누워 시체놀이나 하는,
숨 막히는 폭염에도
발이 시려 동동거리는,
안해가 눈물로 쏜 미음조차도
눈길 하나 주지 못하는,
어느새 온통 문드러진 저녁 무렵 닥풀꽃 같은,

하루 종일
두 눈 벌겋게 뜨고
數도 없이 자살을 해요
아니,
살인도 해요
그런 내가 무서워요, 이젠

이젠 그만 죽고
그만 죽이고 싶은데
아즉
피워야할 꽃들이 남아 있어요
하루만 피고 지는 닥풀꽃 같을지라도
아즉은 남은 기도로
꽃 하나 피워야 해요

이른 아침에 잠을 깼어요
아니,
아침이라고 하기엔 四位가 너무 희붐했군요
그러니까 먼동이 트기 아주 한참 前이라고 해야 맞을 것 같아요
아니,
잠을 깼다기 보다는
고통이 나를 깨웠다고 말할래요
정말 아파서 아파서 뒤척이다가 안해 몰래 일어났으니까요

무슨 꿈을 꾼 것 같아요
기억은 희미하지만
얼마 전 하늘 별 된 친구 강일이랑 놀다
하얀 꽃밭에서 나비를 좇다
작별인사도 없이 무지개처럼 사라져 버린,
꿈
그래요 그건 꿈이었어요

내 몸의 암세포들도 잠 못 이루긴 마찬가지인가 봐요
쉰 두 차례나 독한 항암약에 시달렸으니
제아무리 암이라도 나처럼 힘들었을 거예요

암과
암에 걸린 나와
내 잠을 깨운 통증과
그저 죽음 같은 고요와
존재와 生과 滅과 死

그래요, 그건 하나인지도 몰라요
二性空이라고 하던가요?
별거 아니예요, 어찌 보면
누구나 다 그런걸요
누구나 다 그렇다니까요
그러니
너무 슬퍼하거나 마음 아파하지 말아요
난,
아프지만 아프지 않아요

주말 & 詩 - 37
내 모든 인연들에

내가
네 그리움 되고
네가
내 그리움 되는
그런 그리움
둘이면 돼
그러면 돼
그 뿐이야
안녕

이른 아침의 이슬에게
내 작은 운유지 노랑어리연꽃에게
산방 뜨락의 지나간 꽃들과 머지않아 필 구절초에게
내 뜨락 그네에게
그네에 아롱진 내 안해에게
너와지붕 위 온달에게
내 그리움 별에게

앞 산 수리봉 운무랑
별이 된 복자누님과 내 마음 속으로 언제나 흐르는 미산계곡에게
그리고
숱한 내 남겨진 발자국들에게
고통으로 얼룩진 상여 같은 침대와 베개에게
내 몸 속을 헤집고 다니던 많은 항암약들에게
그리고
모질게 연명하는 암세포들에게
수많은 인연들의 기도송에게
밤하늘의 빛나는 詩들에게, 별들에게
그리고 다시
내게 그리움으로 오신 그대에게
그리움으로 남은 그대에게
그리움으로 남을 그대들에게
사랑하는 내 살점 같은 혈육들에게
안해의 뜨거운 손길에게
서러운 눈빛에게
안타깝게 비친 절망에게
묘비명 같은 편질 쓰노라

내가 네 그리움 되고
네가 내 그리움 되는
그런 그리움 둘이면 돼
그러면 돼 그 뿐이야

주말 & 詩 - 38
오늘 밤엔

오늘 밤엔
예쁜 꿈꾸고 싶어
아픔 하나 없는
온화하고 보드라운 꿈을

구절초 흐드러지게 핀 들판에서
사랑하는 당신이랑
라벤다 향 머금은 가슴으로
별 가득 뿌려두고
쌍나비 춤을 추고 싶어

샴페인도 한 잔 근사하게 마시고
CL의 창가에서 바라보던
아침 파도의 거친 숨소리도 듣고 싶어

터질 듯한 내 마즈막 벌건 심장소리로

당신을 위한 詩를 쓰고
별이 된 시인들의 묘비명을 궁금해 하며
내 작은 묘비명 하나 떠올리곤
그날의 미소처럼 환하게 웃고 싶어

그리고
좁다란 당신 품에 안겨
죽음보다 평온한
깊은 잠 자고 싶어
아프지 않은 대곡의 보랏빛 꿈꾸며

언젠가부터
밤이 무서워졌다
이젠 두려움도 무서움도 떨쳐버릴 때가 되었거늘
길고 긴 뜬눈의 어둠과 몰래 삼키는 신음과
누구도 대신할 수 없는 통증으로
얼룩진 이불 속에서 버둥대는 시간은 차라리 형벌이다

아플 대로 아프다 아픔도 지쳐 짓무를 때가 되었거늘
아픔은 밤새도록 칼춤을 추고
난 지칠 대로 지쳐 넋을 잃은 채 허옇게 뜬눈으로 꿈을 꾼다

열세 살 은범이가 되어

엄마가 차려주신 밥상에 앉아
씨익 행복한 미소도 지어보고
부뜰이랑 찌코형이랑 수박서리도 떠나고
대곡으로 주음치로 김부리로 벌건 가슴 벌렁거리며
하얀 여행을 떠난다

아픔의 끝은 어딜까?

마즈막 남은 아픔 부여안고
다시 또 사랑하는 안해랑 여행을 떠나고 싶다
꿈 속에서가 아닌
죽은 발일지언정 내 두 다리로 성큼성큼 푸른 울림걸음으로
안해랑 두 손 맞잡고
구절초 흐드러지는 가을엔
아픔 없는 여행을 떠나고 싶다

CL의 창가에서 보았던 아침 파도의 헐떡거림
정동진 밤바다의 黑빛 유혹
대곡 뒷산의 벌건 온달
그리고 경포대 송월장의 달빛 드리워진 침대
아,
아픔 없는 밤
사랑하는 안해 꼭 부여안고
구절초 하얀 꿈 몽글몽글 꾸고 싶다

주말&詩 - 39
새벽기도

가만
가만

공기도 잠자는 선새벽
내 가느다란 호흡에도
가늘게 일렁이는 공기너울을 느낍니다

긴 긴 밤 통성기도에 검게 지친 목소리로
뜨락의 풀벌레들은 지칠 줄 모르고
새벽기도를 합니다

쓰읍쓰 쓰읍쓰
#$%%^&
날개 부벼 간구하는 기도 소리에
나도 따라 마음 날개 부벼댑니다

살게 하소서
부디
살아내게 하소서
그저 하얀 구절초 필 때까지 만이라도
내 하얀 詩 곱게 피울 때까지 만이라도
내 하얀 날개 접지 못하도록
안아 주소서
부디
품어 안아 주소서

기인 밤
모진 형벌과도 같은 불면의 밤을 보내고 맞이하는 선새벽이
너무 고맙습니다

바늘 같은 아픔에 찔려
누더기잠을 자다 깨다
깨다 자다를 되풀이하다 窓 희붐하니 밝아오는 시각
밤새도록 덩달아 잠 못 이루다 곤하게 잠든 안해 깨울세라
몰래 일어나 나만의 공간을 차지하고 앉아 숨조차 크게 쉬지 못한 채
슬픈 나를 어루만집니다

어둠이 내려앉기 시작하면서 부터 시작된
산방 뜨락의 온갖 풀벌레들의 통성기도 같은 울림은
새벽까지 이어지다

지칠대로 지친 애절한 울림으로 마즈막 기도를 올립니다
기도가 땅을 울리고 하늘을 울리고
급기야 내 가슴을 울리다
나를 울립니다
내 눈물이 모두 말라
이후로는 단 한 방울의 눈물도 남지 않길 바라며
아즉은
조금만 더
아즉은 조금만 더
꽃을 가꾸고 사랑을 하고
좀 더 나눔을 하고 좀 더 깨닫고
내 별자리 하나 구절초 꽃자리 될 때까지 만이라도
내 詩에서 향기가 날 때까지 만이라도
마즈막 내 하얀 詩를 쓸 수 있는 그날 새벽까지 만이라도
부디
날 품어 안아주기만을……

주말 & 詩 - 40
잊는다는 것은

울컥
슬프다
잊는다는 것에 대하여 말을 하려니
차마 슬프다

잊는다는 것은
나를 도려내 너를 지우는 일이다

아,
잊는다는 것
잊는다는 것은
내 가슴에서 널 하나하나 지우는 일이다
네 슬픈 눈동자를
네 긴 목을, 가슴을
그리고 마지막으로
네 이름을 지우는 일이다

잊는다는 것은
가슴에 눈물 우물 하나 파는 것이다
차마 못다 지운 이름 떠올리며
샘물 같은 눈물 길어 올리는 것이다

잊는다는 것에 대해 말을 하려니
다시 또 슬퍼진다
절로 잊혀지는 것이 아닌,
강제로 잊어야 한다는 사실은 너무나 잔인한 일이다
잊는다는 것이 어디
마음먹은 대로 되는 일이던가?

그래도 잊어야 한다면
슬프지만 잊을 수밖에 없는 일

이제
하나, 둘……그렇게 서서히 잊어야할 때가 된 것 같다
내가 참 좋아하는 고요한 숲길 트레킹도,
언제나 함께 해주던 꽃 같은 인연들도,
숱한 생명들과의 눈빛 대화도
남겨진 고마움들도
대곡 밤하늘 푸른 별들의 노래도
깊고 행복했던 수면도
문신처럼 새겨진 情이랑 그리움들 조차도

내 살점 도려내는 듯한 아픔으로 하나하나 지워나가야 할 때다
그렇게 지우고 지우다
마즈막 남은 네 이름
그 이름마저 지워낸 자리에
눈물 우물 하나 파 놓고
내 서러운 밤마다 눈물 길어
너를 위한 詩 쓰는 귀신이라도 되어 네 곁에 남고 싶다

슬프지만,
나는 오늘도
또 하나의 이름을 지워야 한다

주말 & 詩 - 41
잊혀진다는 것에 대하여

누구였더라
아,
희미하다
누구였더라

잊혀진다는 것은
주인 떠난 빈집
색 바랜 창호지에 흐릿하게 남아 있는
누군가의 이름 같은 것이다

잊혀진다는 것은
무심한 잡초 우거진
쓸쓸한 무덤
그 무덤
낡은 묘비 같은 것이다

불씨 하나 사그러지듯
시나브로
시나브로
잊혀진다는 것은
내 가슴에서 네가 사그러드는 것이다

잊혀진다는 것은
아
잊혀진다는 것은
네 가슴에 핀 내 꽃
하염없이 울음으로 지는 것이다
그런 것이다

세월이 흘러 자연스레 잊혀져간 것들
오래 된 벗들의 이름
엄마가 만들어 주셨던 나물반찬들
비 내리던 가을날
공지천 까페에서 들었던 슬픈 노래
그리고 선새벽
희미한 골목길의 추억들

주인마저 버리고 떠난 빈집
외로움으로 절여진 누런 문창호지에 아롱진 이름 둘

잡초 우거진 허물어진 무덤의 묘비명
그 쓸쓸한 풍경 속에 울어대는 풀벌레들의 처절한 몸부림
오늘밤엔
촛불잔치 그 실룩거리는 벌건 불꽃 속에서
잊혀진 것들에 대한 푸닥거리라도 하자
빛 바랜 문풍지도 새로 갈고
잡초 우거진 무덤도 깔끔하게 벌초하고
한 때는 내 목숨 같았던
잊혀져간 모든 것들을 위하여 술잔을 채우자

잊혀져간 모든 그리움들을 위하여
그리고
잊혀질 모든 존재들을 위하여
내가 잊혀져간 자들의 이름으로
축문 같은 詩를 지으리니
꽃이 된 그대
그대여
목 놓아 노래 부르라
잊혀져간 모든 서러운 존재들을 위하여

주말 & 詩 - 42
죽는 그날까지 부디 꽃이어라

몇 번의 봄날이 남았을까
분홍 꽃씨를 뿌릴 수 있는 날이
내겐,

몇 번의 가을 하늘 아래에서
까만 꽃씨를 받고
몇 번의 여름날
사랑하는 혜숙이랑 툇마루에 마주 앉아
거친 그녀의 손톱에
봉숭아 꽃물 들여 줄 수 있을까
난,

구절초는
그래도 피겠지만
구절초를 사랑한 詩人
홀연히 떠나면

그 해 가을은 또
얼마나 쓸쓸할까

꽃은 떠나도 추억은 남는 것
님 떠난 자리 자리마다
그리움별 하얗게 아롱지듯
내 구절초
내 그리움
내 사랑이여
부르다 죽을 서글픈 詩人이여
죽는 그날까지 꽃이어라
꽃이어라
부디
꽃이어라
서럽게 하얀 꽃이어라

64,65,66,67........80,81,82....
그렇게 손꼽아 보니 울컥 슬프다
몇 번의 봄
몇 번의 가을이 내게 남아 있을까 헤아려보니 차마 슬프다
해마다 맞이하고 해마다 보내는 계절들이었지만
새삼스레 훌쩍 줄어든 것만 같은 아쉬움은 어인 일일까
욕심일까?

미련일까?
아니면 原初的 本能일까?

꽃 진 자리
간직한 꿈을 품은 씨앗처럼
아직은 사랑을 노래할 때
내 영혼 말간 뜨락에 작은 꽃밭 들이고
아즉은 꽃을 심을 때
아즉은 희망을 노래할 때
민들레 씨앗처럼 허공을 떠다니기까지는
내겐 떨리는 사랑이 남았고
그리움 마저 넘치고
불러야 할 노래가 멈추지 않는 것을,

아즉은 내 작은 꽃밭에 분홍 꽃씨를 심을 때
아즉은
나
서글프게 그리운 별 되어
네 가슴에 필
하얀 꽃이 될 때
아닌 것을

2021년 2월 15일 봄비 내리는 새벽에 갈기다
통증이 하루가 다르게 온몸 구석구석으로 자라고 있다
좌측 쇄골 림프절의 종양은 눈에 띄게 커져서 예쁜 꽃닭 알만큼 자랐다

내 예쁜 뜨락의 꽃들도 하나 둘 곱던 모습을 시나브로 접으며
저마다의 추억을 간직한 씨앗들을 탱글탱글 맺고 있다
분꽃은 분꽃대로
봉숭아는 봉숭아스럽게
닥풀이며 메리골드, 만수국, 수레국화, 해바라기, 나팔꽃, 유홍초, 더덕, 도라지······
그렇게 익어가는 날,
목질화 된 다리를 질질 끌며
꽃들 하나 하나에 눈인사를 했다
'안녕~,
내년 봄에 또 만날 수 있음 참 좋겠는데·····'

이른 봄부터 꽃 같은 안해랑 꽃씨를 묻고
꽃모종을 사다 뜨락에 심고
하루종일 꽃밭에 빠져 꽃 이야기를 하며 보낸 시간들이
피고 진 꽃들 만큼이나 아름답게 스쳐 지나간다

내가 없는 뜨락에 구절초 하얗게 피면
얼마나 쓸쓸할까?
밤하늘의 별들은 또 얼마나 하얗게 울어댈까?
그래도
그래도 떠나야 한다면,
떠나는 순간까지 꽃이 되고 싶다
죽어서 별이 된 하얀 그리움 꽃
구절초가 되고 싶다

몇 번의 봄날이 남았을까
분홍 꽃씨를 뿌릴 수 있는 날이
내겐,

주말 & 詩 - 43
온몸으로 우는 새

한여름 밤
산방 운유지 무당개구리
밤새도록 울어대던 소리가
신음소리 였을지도 모르겠다는 생각이 문득 들었다

오, 오로로록 아아
아오, 아아로로록

혼자만의 신음소리로
하늘 문을 열고 싶어 섧게 토해내는 통성기도 같은,

우
우우우, 아, 우우우
아파파 아, 아파 雨
비가 내리고
빗속에 젖은 신음소리는

내 입 안에서 홀로 구르다 지쳐
상여 너머로 잠들고

진통제
꿈
속
귀신 되어 떠돌다
다시 또 맞이한 새벽
무당개구리 되어
아아, 우우우
참고 참고 또 참았던 신음
아아아아 아파
아파
굿판을 벌인다

온몸으로 우는 새가 있을까?
머리부터 발끝까지
온몸으로 우는 새는 어떤 소리를 낼까?

산방 작은 연못 운유지의 무당개구리들이
달빛 별빛 은은한 밤에
공동묘지 안개 머금은 듯한 서러운 정적을 깨고 쉬임없이
온몸으로 울어댄다

한껏 크게 소리내어 통곡하지도 못하고
혼자만의 恨서린 통성기도로
누구에게라도 들킬세라 한껏 서러운 쉰 울음을 울고 있다

온몸으로 우는 새가 있다면
아마 운유지의 무당개구리 같은 소리로 울까?
속으로만 속으로만 홀로 삭이며 부르다 끝내는 쉰 울음이 되어
하늘로 흩어지는
오로지 홀로 감당해야 할 天刑 같은 아픔으로 찔러대는 노래

밤새도록 홀로 아프던 육신이 지쳐갈 즈음 맞이한 하얀 새벽
온몸으로 울던 내 불쌍한 정신마저 혼미해질 대로 혼미해 지다 스러진 시간
아픔은 지칠 줄도 모르고
나를 흔들어 깨우고는 온몸으로 새 날의 노래를 부르라 한다

아,
지친다
이젠 좀 신음으로 부르는 노랠 멈추고
쉬고 싶다
내 뜨락의 찢어진 꽃잎처럼, 별똥별처럼, 장송곡처럼

주말 & 詩 - 44
슬픈 종일 비만 내렸다

하루종일 비만 내렸다
내 작은 뜨락에도
종일 하염없이 비만 내렸다
시인의 흐릿한 눈에도, 귀에도. 입 안에도
비는 내리고
사랑하는 모든 것들의 가슴으로도 비가 내렸다

기적은 어디에서도 일어나지 않았고
암세포들은
하루종일 나를 갉아 먹으며
몸집을 키워가고 있었다

내 두려운 신음은
빗물에 떠내려가고
빗물은 눈물이 되고
눈물은 빗물이 되어

죄 없는 안해 눈물로 흐르고

아,
종일
산방엔 비만 내리고
비만 내린 채
실낱같은 기적조차 저녁 무지개 너머로 사그라지고
어디서 날아들었는지
쉬파리 떼
내 몸에 새카맣게 내려 앉아 윙윙거리다
간다

하루 종일 비만 내리던 날
내 몸뚱아리에도 종일 비만 내렸다
빗물인지 눈물인지
눈물인지 빗물인지
어느새 오래 된 내 우울의 늪에서는 쉬임없이 두려움과 슬픔의 비가 내리고
조금씩 조금씩 다가오는 것 같은 검은 그림자의 옥죄임에
나도 안해도 불안감에 떨어야 했다

아픔은
내 간절한 소망에도 불구하고 밤낮 구별 없이
하루가 다르게 자라고

내 病든 온몸은 지독한 무기력증에 빠져 헤어날 줄을 모른다

어이해야 하나
이제 어이해야 하나
내 슬픈 안해를,
내 슬픈 詩들을,
내 사랑하는 인연들을,
어이해야 하나

빗소리에 묻힌 呻吟은
엄마가 되고
엄마의 암포젤 엠이 되고
파란 병의 공동묘지
그 웅웅거리던 귀신들의 노래되어 나를 부른다

주말 & 詩 - 45
나는 어디로 갔는가?

슬프다
어딜 둘러보아도
어딜 찾아보아도
내가 보이질 않는다

구절초는 어디로 가고
마냥 맑을 것만 같던 詩새암은 어디로 갔는가

손가락은 날로 무디어져만 가고
다리는 콘크리트화 되어가는 몰골로
하루 종일 나도 없고 나는 없고 내가 없는 빈집에서
넘어가지 않는 밥을 억지로 삼키는
수모, 치욕, 비굴함과 자괴감으로 얼룩진 안타까움

조종되지 않는 자율신경계는
더 이상 내가 아니고

누룽지 푹 끓인 끼니조차 거부하는 臟器들도
이제 서서히 지쳐만 간다
슬프지만
더 이상 내게 내 편이 없다
이제 남은 건
언제나 그 자리에 다소곳이 앉아 있는
슬픈 얼굴의 안해꽃 뿐
아직 희미한 향기 머금은
시들은 詩 부여안은 슬픈 詩人 뿐

서럽지만 가야지
그래도 남은
하얀 꽃 부여안고
지팡이라도 짚고 가야지
아직 해야 할
남은 숙제가 있으니

내 모습이 하나 둘 사라져간다
얼굴 모습도
숱한 생각들도
일상생활도 어느새 나다움이 없는 낯선 모습 투성이다

부지런히 오르내리던 산방 뒤 미산 숲 산책로는
주인이 버린 잡초 무성한 길이 된 지 오래,
잃어버린 예초기의 추억은 가련한 안해 어깨로 넘겨졌고
안해를 위해 즐겁게 짝퉁 요리를 만들던 나는 이미 없고
하루 종일 상여 같은 침대에 누워 신음하는 목각인형이 된 지도 오래
드라이브 즐기던 내 운전대도,
왕성했던 식욕도 언젠가부터 사라져 버렸고
잘 먹고 잘 싸고 잘 자던 나는 온 데 간 데 없고
진통제 없이는 밤잠을 잘 수 없는 슬픈 날이 계속 되고
날이 갈수록 초췌해지는 몰골은 주위 사람들을 안타깝게 한다

나는 어디로 갔는가?
누가
내게서 나를 빼앗아 갔는가?
나를 돌려다오
씩씩한 걸음걸이와 아름다운 나의 미소를 되돌려 다오
손주들의 장난꾸러기 하부지(할아버지)로
사랑 넘치는 안해의 남편으로 부디 돌려 다오

나를 찾아야 한다
아즉은 남은 희망으로
아즉 남은 감박이는 목숨 줄 부여잡고
빼앗긴 나를 찾아야 한다
죽음이 나를 데리러 오는 그날 마즈막 자정까지
눈 허옇게 뜨고 이 악물고
빼앗긴 나를 찾아야 한다

주말 & 詩 - 46
아픔 없는 푸른 별이 되고파

밤마다 난
아픔 없는 푸른 별이 되고파
별 닮은 약을 삼킨다
잠시 후,
온몸에서 보글거리는 별 씨앗들이
은하수처럼 흐르다
서서히 잠들고
이내 난,
꿈 속 푸른 별이 되어
별 헤는 시인이 된다

별 하나 나 하나 약 하나
별 둘 나 둘 약 둘
별 셋 나 셋 약 셋……
고통은 죽음을 담보로
별들 속으로 사라지고

한참 같은 잠시,
난 다시
별 깨우는 새벽 종지기 되어
별 닮은 진통제를 삼킨다

난
또 다시
몽롱한 별이 되고 별이 되어
검은 수의 입은 病身 질질 끌며
아즉 남은 별들을 헨다

아픔은 잠시
별들 속으로 사라지고
별들의 나라에 먼동이 튼다

밤마다 아프다
내 아픔은 잠도 없는지 긴긴 밤 홀로 잠들지 못하고
나를 흔들어 깨워 곁에 두고는
밤이 새도록
찌르고 쑤시고 비틀며 온갖 형벌이란 형벌을 인정사정없이 내게 가한다
얼마나 많은 죄를 지었기에 이리 무거운 형벌을 받아야 하는가, 난?
참혹하고 매정하다
악연도 인연이라고 더불어 함께 사이좋게 살자며 그렇게 달래고 빌고

때로는 겁도 주고 윽박지르기도 했건만
癌이란 녀석은 내 말을 비웃기라도 하듯
나와 맺은 협약을 일방적으로 깨고는 낮에도 모자라 긴 밤조차 나를 괴롭히고 있다

온갖 독한 항암치료에도 불구하고
어느새 내 고통은 자랄 대로 자라
정신적 인내심만으로는 견뎌내기 힘들어
마약성 진통제를 처방 받아 먹기 시작한지도 오래
진통제의 투약량은 별 헤는 밤 만큼 늘어
잠 못 이루는 날마다
뒤란에 쌓여만 가던 엄마의 암포젤 엠
파란 병의 공동묘지 같은 슬픔, 아픔, 안타까움……

그래도 살아 숨 쉬며
새벽마다 아픔 부여안고
내 별들에게 들려 줄 이야기
'炳 시인 (病身), 아픈 詩人의 이야기'를
끄적일 수 있는 시간을 허락해 준 것에 감사하며
아,
오늘 밤에는 부디 아픔 없는 푸른 별이 되는 꿈을 꾸어야지
아니,
그런 꿈 꾸었으면 좋겠다

주말 & 詩 - 47
그리운 그대 뜨락 별 되어

그대,
미안해요
그리고 고마워요

이제
서서히
하늘 내 별자리에
순백의 구절초를 심어야할 때가 온 것 같아요
그러니 하느님
그때까지
조금만 더 기다려 줘요
내게 조금만 더 시간을 줘요

머언 그리움 나라
그리움 별 되어
나

그대 뜨락의 그리움 별 되기까지
그대
부디 아픈 눈물을 거두어 줘요
아직은 눈물 흘릴 때가 아니어요
아즉은 아껴 두어야 해요

나 그대 위해
죽음일랑 까맣게 숨겨둘 테니
우리 함께 구절초 별자릴 만들어요
나
그대 그리움 되고
그대 내 그리움 되는 그런 별자리 둘을,

힘들다
하루 하루를 살아내는 일이 이젠 너무 힘들고 버겁다
온통 아프다
하루 종일 통증으로 지친 몸이 어느새 엄마를 닮아간다
개미 같고 거미 같은 울 엄마를 닮아간다

긴 밤 한숨도 못 주무시고 짐승 울음소리처럼 슬프게 울어대시던
엄마의 신음소리가 내 몸에서 흘러나온다

아,
내가 어느새 엄마가 되었구나
내 나이 등 푸른 열일곱에 하늘 별 되신 엄마가 되었구나

주말 & 詩 – 48
내 잃어버린 아침은 언제 오려나

한 사나흘 굶은 하이에나의 잔인한 식욕처럼
암세포들은
밤새도록 내 불쌍한 生體를 갈기갈기 찢어 먹고는
늦은 새벽이 되어서야
지칠 대로 지친,
아즉은 버둥대며 살아 있는,
회 접시 위 광어의 처연한 눈알처럼 퀭한
시인의 덜 마른 눈물을 뒤로한 채
유유히 멀어져 간다

아침인데,
아,
아침인데
분명 아침인데
내 아침은 그 어디에도 없고
시신 같은 내 몸뚱아리는

발악을 하며 아침을 맞이하지만
내 아침은 여전히 보이지 않는다
오직
어제보다 더한 통증과
어제보다 더한 절망과
어제보다 더 깊어진 슬픔 뿐
어딜 둘러보아도
내 아침은 어디에도 없다
이제 막 시작된 하루
난 또 어찌 살아내야 하나

주말 & 詩 - 49
밤마다 난 신음새가 된다

고요해서 더욱 서러운 밤
몰래 우는 새의 신음소리가 들려온다
아우~~~
어우
아 아우~~

詩도 되지 못하고
노래도 되지 못하는 절규
오직 혼자 불러야할
끝 모를 홀로 아리랑

밤새도록 홀로
제 가슴팍 쪼아 새겨야 하는
긴
신음새의 罪目들 얼마나 많기에
이다지도 날
난도질 하는 걸까?

주말 & 詩 - 50
숨어 우는 신음새처럼

슬프지만
아,
너무 아프지만 이제
나
긴 별들의 나라로 떠날 때가
가을날의 낙엽처럼뚝
뚝
떨어짐을 느껴요

남겨 둔 약속도
간직한 내 늙은 사랑도
그대 순백의 마음밭에 뿌릴 구절초도
아즉
수줍게 남아 있는데
이제 서서히 작별을 준비해야겠어요

차마
안녕이라 말하지 못하고
내 밤마다 숨어 우는 신음새처럼
그댈 위해
아즉 남은 기도를
그대에게 바치려 해요

사랑해요, 그대
내 영원한 그리움 별인 당신

주말&詩 -51
묘비명 墓碑銘

다
그리울 거야
특히,
당신

주말 & 詩 – 52
누더기잠

언젠가부터 새벽 4시 즈음이면
난
잠에서 깨어
깨질 것 같은 까만 고요 속에 스스로 감금된다
그리고 환상 같은 꿈
꿈 같은 환상 속으로 빠져든다

#1. 어릴적

울 엄마는 모두가 잠든 새벽
홀로 깨어 앉아 바느질을 하셨다
길고 흰 머릿결에 바늘 날 세워
새까만 통증을 꿰매고
뚝 뚝 떨어지는 아픔을 거짓말처럼 수선하셨다

고통으로 기운 하이얀 고깔 쓴

길고 흰 엄마는
뭉게구름 탄 선녀가 되어
승무를 우아하게 추셨고
달빛 드리운 어둠은 서서히 부서지기 시작했다
그랬었다
엄마의 통증은 노래가 되고, 염불이 되고, 기도가 되고
마침내 연기가 되고 재가 되다
죽음 같은 고요
족쇄 찬 고통
그렇게
발악은 끝이 나다
밤은 온통 죽었다

#2. 현실, 그 솔직한

꿈속에서 꿈을 꾸다
그 꿈속에서 또 꿈을 꾸다
온통 아팠다

엄마는
길고 하얀 머릿결에 바늘 갈아
천사옷 기워 입고 승무 추실 제

난,
이 아픔 저 아픔 모아 누더기 잠을 깁고 있었다

엄마는 하얀 춤을 추고
난 하얀 시를 쓰고
엄마는 선녀가 되고
난 목각인형이 되고
엄마는 구름이 되고
난,
현실이 되어
아프다
족쇄 찬 아픔은 달아날 길 없고
꽁꽁 묶인 통증은
날 슬프게 한다

주말 & 詩 - 53
꿈이었어

꿈 하나.

지리산 천왕봉을 뒤로한 채
제석봉
고사한 주목 군락지를 지나
한라산 백록담이 올려다 보이는 길 언덕
까마귀 떼가 보이고
설악산 대청봉 칼바람 소리가 들린다
덕유산 중봉, 향적봉, 설천봉마다
백설 푸짐하고
오대산 적멸보궁 지나 비로봉 가는 길은
상처가 더욱 깊었더라

설악, 지리, 두타, 청옥, 방태 골골마다 폭포소리 요란하게 들리고
얼레지 카펫 깔린 화야산
삼악산 단풍나무 그늘 아래 김밥에선

꿀이 흐르던걸

꿈 둘.

꽃이 한가득 피었고
들판은 넓었고
사랑은 새파랗고
입에선 연신 노래가 아지랑이처럼 피어올랐고
안해는 구절초가 되어 보랏빛 춤을 추고 있었다
그러는 사이
대룡산엔 꿈처럼 무지개가 떴고
난 환갑 맞이 암환자가 되어
무지개를 잡으러 달리고 또 달려보았지만
우리집 앞마당만 맴돌고 있었어
무지개는 빙그레 구름처럼 스러지고
난
목각인형이 되어 파란 눈물을 흘렸지

꿈 셋.

해 저무는 한적한 바닷가
해당화랑 갯메꽃이 피었더라

파도가 쓸고간 모래밭은
처녀 가슴처럼 발갛게 물들고 있었고
난
아직은 싱싱한 열세 살 은범이가 되어
보랏빛 꿈을 새기고 있었지

꿈 넷.

다시 바닷가
난,
목각인형이 되어 겨울바다를 거닐고 있었지
걸을 때마다 관절이란 관절에선
샾 혹은 후렛 섞인
유리칼 긁어대는 소리가 제어할 수 없이 흘러 나왔고
마비된 손가락으로 쓴 글씨
사랑해, 보고 싶어, 아파
살려 줘, 그립다, 하느님, 엄마, 아부지

파도가 시커멓게 밀려 오더라
난
너무 무서웠어
도망치려고 도망치려고 달리고 또 달려 보았지만

제자리였어
글씨들은 다 지워져 버리고....

꿈 다섯.

다시 바다
거짓말처럼
파도는 잔잔해졌고
뚜걱거리며 썼던 글씨들은
모두 지워져 버렸더라
눈물이 났어
이번엔 눈물이 먹물처럼 까맣더라

다시 쓸까하다
그만 뒀어
왜 그만 두었는지 알겠지?
부질없는 일이었으니까
꿈인 걸,
다 꿈인 걸

그리고 꿈에서 깼어
그리고

다시 통증은 시작되었고
난
'ocean gypsy'를 들었어
너도 같이 들어주었음 좋겠어

이 노래가 슬프지 않았음 좋겠어
난 아직은 안녕하거든

주말 & 詩 - 54
시인과 까마귀

#1.

창밖으로 눈 내리는 풍경 속
無名詩人 하나
너른 창가에 전봇대처럼 섰다

#2.

여전히 함박눈 나리고
까마귀 한 마리 전깃줄에 앉았다
한참 동안 **微動**도 하지 않고 눈을 맞고만 있다

#3.

음악
'슬픈 안나를 위해 눈물로 쓴 詩'

반복해서 눈처럼 깔린다

'詩人과 까마귀'는
이렇게 시작된다

난
눈나림이 좋아
山房 너른 창가에서
한껏 폼잡고 있을 제
까마귄
까맣게 그을린 굶주림 움켜쥔 채
윤기 찰싹거리는 장닭 바라보다
까만 눈물 흘린다

난
눈나림이 좋고
까마귄 싫고
난
벽난로 벌건 창가에서
따슨 커피를 마시고
까마귄
까맣게 굶고

까마귄 눈이 슬프고
난
눈이 아름답고
눈은 내게 詩가 되고
까마귀에겐
절망이 되고
원망이 되는
뒤틀림
詩人의 창가엔
눈이 폼나게 나리는데
굶주린 까마귄
눈 나리는 전깃줄에 앉아
절망절망 토악질하다
까만 눈물만 흘려대다
하얀 꿈속으로 날아갔다

주말 & 詩 - 55
C에게 쓰는 편지

눈이 내렸어
어젠,

난 아마 前生에 그리움 별자리 왕자였나 봐
어지럽게 흩뿌리는 눈송이가
다 그리움으로 내려
내 가슴에 와 박히거든

고향 뒷산 안마산의 진달래꽃이며 늦은 겨울밤 듣던 여우 울음소리
심지어 놋요강 파르르 떨리는 누런 소리까지
다 그리워, 눈 내리는 날이면

그렇게 눈 내리는 날이면
새하얀 화석이 되어버린 그리움들이 사무치게 그리워
아마 난
그리움 별자리 왕자였나 봐

이젠
잊으려고 해
아니,
잊어야 해
인연 다한 그리움들을
그리움 江으로 흘려보내려 해
그리움들 하나하나 모여 江이 된

하얀 因緣江으로 말야

C야,
우리
인연 하나 떠나보냈다고 슬퍼하지 말자
떠난 그리움들은 因緣江에서 만나
다시 하나 되어 흐를 테니까 말이야

주말 & 詩 - 56
癌꽃,
- 꽃말: 아픈 그리움

아픈 자리마다 꽃이 피었다
찔레, 장미, 해당화, 無名花

다시 또
내 아픈 자리마다
꽃이 피었다
내꽃, 네꽃, 그리움꽃
아직은 無名花

네 그리움으로 찔린 자리
내 아픈 상처마다
네꽃이 피었다
sad flower

아,
난 언제 아프지 않으려나

난 언제
가시 없는 꽃을 피울 수 있으려나
난 언제
널 내 꽃이라고 소리 높여 불러보려나
다시 또
내 아픈 자리마다 꽃이 피었다
네 꽃
새드 훌라워

2020. 8. 7. 새벽 3시 즈음 잠결에 갈무리하다

주말 & 詩 - 57
그래서 아픈 게야

가시가 있기에 밤은 반지르르, 탱그르르 여물 수 있었다
내 몸의 가시는 무엇일까?
아마도 病, 아픔, 이별, 슬픔 같은 검은 언어들이 아닐까?

곤드레꽃 진 자리에
바늘 침 같은 씨앗이 맺혔다

꿈이 없는 씨앗은 없다
씨앗이 품은 꿈은
말은 없지만 황홀하다
사랑하는 사람의 빨간 가슴 속에 숨겨둔 박하사탕처럼
씨앗의 꿈은 花하다

나도
늙어가는 이 가을엔
풍선덩굴 씨앗 같은 하트 문신

날로 날로 새기며
아픔으로 아롱진 까아만 꿈 하나
왼 가슴에 달고 싶다
뭇 별들 반짝이는 가을밤
씨앗들의 속삭임이 들린다
씨앗들의 꿈이 보인다
그리고,
내 가슴 속에서 영글어가는
아직은 서러운 내 꿈이
아프게 단단해지는 게 느껴진다

너, 아니?
걸어다니는 꽃은 없단 사실
내 팔 다리가 아리게 마비되어가는 것은
나도 꽃이 되려고 그러는 걸 거야
풍선덩굴처럼 예쁜 하트 씨앗
다리에 새기려는 걸 거야

그래서 아픈 게야
그래서 아린 게야
씨앗들도 이렇게
아프다 아프다

씨앗이 되었을 게야

2020. 09. 20. 산방 뜨락, 꽃씨를 받으며

주말 & 詩 – 58
배추벌레에게 미안하다

새벽,
찬 이슬 내린
텃밭에 쪼그리고 앉아
나도 이슬 맞는 배추벌레가 되어 본다

구멍 숭숭 뚫린 무 이파릴 보다
날 보다
절로 슬퍼지다
찬 이슬 축축한 배추벌렐 보았다
잡았다
차마
죽일 수 없어 던져버렸다
밭 너머 멀리
아주 멀리로

그래도 난,

미안하고 또 미안하고
미안했다
그깟 무 이파리 좀 갉아 먹었다고
무가 죽는 것도 아닌데
그깟 肝 좀 망가졌다고
내가 죽는 것도 아닌데
그렇게 매정하게 집어 던지다니
그렇게 무너져 버리려 하다니

배추벌레에게 미안하다
나에게 미안하다

2020. 10. 09. 이른 아침, 배추벌레를 잡았다

주말 & 詩 – 59
여치와 시인과 엄마와 꽃

꽃상여를 탄 여치를 보았다
나 어릴 적
울 엄마도 꽃상여 타고
스무숲 신작로를 나비처럼 떠나셨지

만장輓章
찬 겨울바람에 얼고
열일곱 등 푸른 은범인
꺼이꺼이 슬픈 까마귀처럼 울어댔지

눈물이 얼고
바람도 얼고
슬픈 눈마저 얼어버린 안마산 어느 좁다란 골짜기
내 엄마는
눈 뜬 허연 별이 되셨지

여치를 보다
나를 보았다
엄마도 보였다
날지 못하는 날개
걷지 못하는 木脚
잠들지 못한 채 허옇게 눈 뜬 슬픈 별
그리고
지친 삶 속
아껴두었던 마지막 노래

詩
내 詩
엄마 詩
우리가 목놓아 부를 詩
바로 그 詩

안타깝게도
여치는 이튿날 퍼렇게 죽어 있었다
슬프고 안타까운 일이지만
이 또한 세상이 하는 일인 걸
난
가만, 가아만,

아직은 퍼런 여치를 꼬옥 안아 별나라로 보내주었다

2020. 10. 14. 새벽에 잠 깨어 적바림하다

주말 & 詩 - 60
삼봉자연휴양림 단풍길을 걸으며

삶은 흘러가는 것
구름 같고 물 같은 것

삶은 잠시 함께 머물다
저마다의 길로 흩어지는 것

단풍이 낙엽 되어 홀로 떠나고
물은 만나 흐르다가 흩어지듯
삶은 그렇게 여럿인 홀로인 것

그런 것이다

그러니 사는 동안
무쟈게 아름답게 살 일이다
무쟈게 폼나게 살 일이다
그리고

무쟈게 사랑하며 살 일이다
저 지독한 빨강처럼 말이다
다시 또
사랑하며 살 일이다
내 모진 운명도
내 미운 운명마저도
하나님 말씀처럼
네 원수마저도
사랑하며 살 일이다

사랑만큼 사랑스러운 것은 없는 법이니까
사랑하며 살 일이다
우리 이렇게
어깨 부비며 눈부시게 빛나는 10월의 뭇별들처럼
사랑만 하다 질 일이다

2020. 10. 17. 홍천 삼봉자연휴양림 단풍길을 걸으며 적바림하다

주말 & 詩 - 61
서리와 풍경 셋

서리가 하얗게 내렸다
밤 새,
배춧잎 갉아먹던 배추벌레는
아직 퍼렇던데
어찌 하나, 어찌 하나
마지막 여린 순마저 다 내어주고
찬란했던 이파리며 꽃은 어느새 거친 숨을 몰아쉬며
죽어가고 있었다
별이 되려는 게다
아주 노란 호박별이,

안해 좋아하는 상추쌈
한 입 더 먹이려고
상추 보호덮개를 만들어 씌웠다
눈물겹다
상추쌈 먹다 안해

울컥 목멜까 두렵다

온돌방 아궁이에 불 때고 앉아
산방 앞 수리봉 좀 더 짙어지는 秋色보다
불 보다
널 보다
날 본다
그래,
다 태워라
마지막 불끈 힘줄까지
활활 불 태워라
으스러져라
쥐어짜낸 마지막 목숨 줄 까지 다 태워
재가 되어라
깔끔하게 사라질 재가 되어라

2020. 10. 18. 첫서리 내리던 날

주말 & 詩 - 62
씨앗을 묻다 심은 詩

씨앗을 모으고
씨앗을 묻고
씨앗의 꿈을 꾸며
살고 있다 요즘 난

그래, 씨앗들의 꿈을 묻자
묻어야 사는 씨앗들의 꿈이 아니더냐
내 시들어 가는 꿈도 씨앗들 곁에 더불어 묻자
마지막
墓碑에 새길 세 줄 詩도 묻자

씨앗들이 대지의 깊숙한 子宮 속으로 스며든다
씨앗들이 날개를 달고 昇天한다
天上에서 씨앗들의 노래가 들린다

가만,

가만,
내 가슴 속 깊디 깊은 곳
묻어 둔 詩 씨앗 하나
보인다
보았다
아직 죽지 않고
모질게도 살고 있었구나

오, 하늘이시여

죽지 않고
모질게도 살아내고 있었구나

죽지 않은 詩의 꿈을 위해
오늘 난
또 한 줄 詩의 밭을 일궈야 한다
아직은 죽지 않은 詩人이 되어

2020. 10. 20. 더덕 씨앗을 심던 날 적바림하다

詩人과 癌과 詩 1

내 이름은
31100741
소속은
33349839
질병분류기호는
C16.9

1959(陰)12. 06.
己亥生
2018(陽)12. 28.
末期癌診斷
2019(陽)12. 28.
末期癌診斷 一周期
2019(陽)12. 31.
回甲日

나의 履歷(이력)은 어느새 難解하다
처음부터 난해하지 않았다
그건
결코
누구 탓도 아니다
사노라면,
사노라니
절로 난감해졌을 뿐
결코 누구 탓도 아니다

詩人과 癌과 詩 2

국립암센터
외래주사실
3번방 6번 자리

에
누워 내다본 하늘이 파.랗.다
파란 색은
그래서 우울인 걸까
(Love is blue, oh no, Live is blue)

바람이 분다
지독한 바람이 연 사흘째 분다
불길하게 지겨운,
어릴 적 학곡리 화장장 검은 연기
그 어둔 화장을 한 잿빛 냄새 같은 그림이
6번방 3번 자리 창틈으로 들어온다

살아 있다는 건
지금은 고통스러운 일이다

발악하며 매달린 백목련의 너덜너덜해진 치마
속
피 묻은 팬티
털모자 쓴 핏기 없는 여자의 하얀 구토
촛점 잃은 얼굴을 한 사내의 검은 죽음버섯꽃도 보아야 하고
더러는
소독약 상큼하게 뿌려진
새하얀 시트에 싸인 주검,죽음,버려지는 폐기물도 보아야 하는
참 무너지는 슬픔이 해일처럼 밀려오는 날

바람이 분다
국립암센터 외래주사실
봄바람…… 인가, 일까, 이었으면

좋겠는데
참
좋겠는데
나뭇가지 처참히 부러지고
찢어진 꽃잎 속

피묻은 팬티 바람에 나뒹구는
아픔, 아픔, 아픔
파클리탁셀
파클리탁셀
사이람사 라무시루맙
주문 외는 시간

다시 또
바람이 분다

2020. 04. 24. 국립암센터 외래주사실에서 적바람하다

詩人과 癌과 詩 3

국립암센터 2층
외래주사실 앞
대기 의자에 앉아
본다

휠체어에 앉아
퀭한 눈 가늘게 뜨고
무얼 바라보는지
무슨 생각을 하는지
축 처진 사내,
늘어진 육신만큼 눈물도 메말랐다

얼굴은 검고
머리카락 다 빠진 老人
환자복 사이로 드러난 沒骨
아슬아슬하게 가늘다

여기를 보아도
저기를 보아도
온통 잿빛이다

딩동, 30번
내 번호가 뜬다

접수처 간호사랑 선문답을 주고 받고
3-10
암호문을 받아든다
5성급 호텔 310호실

놀이공원 자유이용권 같은 밴드를 손목에 차고
머리 위론 만국기 같은 뷔페식 줄줄이 걸어두고

부작용 방지제를 시작으로
이어지는 만찬
싸이람사
파클리탁셀
후식까지 3시간 훌쩍 넘는 룸 써비스

罪없는 안해

罪많은 사내 곁에 앉아
그늘 꽃 피우는 줄도 모르고
난,
春夢에 취해 癌내만 피워댔다

2020. 5. 4. 국립암센터에서 적바람하다

詩人과 癌과 詩 4

비가 내린다
내 하얀 고요 속
비가
하얗게 내린다

비가 나비가 된다
하얀 나비
떼
내 아픈 가슴으로 깃들어
찢어진 날개를 묻는다
아프다

난,
2018. 12. 28.
마루타
관절관절마다 대못질 한

쌩머리 뻰치로 뽑히고
다리는 冷凍된
아직은 生體

조금만 더 버티자
아직은 때가 아니다
혀 밑에 말아 둔 白旗를 꺼낼 때가 아니다
白旗 흔드는 날
그 많은 하얀 나비들의 찢어진 날개들을 어찌 감당하려고 하느냐

비가 내린다
하얀 새벽에
하얀 나비 같은 비가
하얗게 내린다

詩人과 癌과 詩 5

종일 비만 내렸다

종일 빗속에 갇혀
하염없이 눅눅한 채,
지는 꽃들을 바라보았다

그 곱던 수선화도 튤립도
꽃의 이름을 버리고
나이테 조차 남기지 못한 채
지고 있었다
그렇게 사라지고 있었다
그렇게 잊혀지고 있었다

어느새 사라지고 잊혀진 것들
한 때는 사람이었고 사랑이었고 存在였던
엄마, 내 아부지, 용구, 독꾸, 스무숲·····

켜켜 화석이 되고 그리움이 되고 전설이 되어버린
안마산 진달래꽃, 다락방, 학곡리 공동묘지, 꽃반지
아,
그래도 아직은 하얀 꿈을 머금은 내 꽃
구절초
구절초 피기까지만이라도

비에서 눈물 냄새가 났다
내 나이 등 푸르던 시절
엄마 하늘별 되던 그날처럼
하염없이 내리는 비만 바라보았을 뿐인데
마음 허물어진 틈새 틈새마다 눈물이 났다

눈물 먹고 크는 꽃 하나
키우고 싶다
나로 인해 흘리는 눈물
홀로 다 먹고
장미보다 더 아픈 가시 가시 가시로 중무장한 채
나 홀로만 아파 흘리는 눈물
하얀 꽃으로 피울

눈물 먹고 크는 꽃 하나
키우고 싶다

詩人과 癌과 詩 6

일산으로 소풍가는 날이면
비가 내렸었고
비는 내렸고
오늘 또
어김없이 비가 내린다

비와 나와 일산
나와 일산과 비
일산과 비와 나
난
雨年 雨月 雨日 雨時에 태어난
四柱八字
눈물별자리

우산장사나 할 걸 그랬나봐

국립암센터에
눈물같은 비
내
린
다

2020. 05. 15. 국립암센터에서 주치의 면담 대기 중 적바람하다

詩人과 癌과 詩 7

비 내리는
국립암센터 외래주사실 6번방 3번 자리에 눕다

그득찬 주사실 자리자리마다
저마다의 생명줄을 매달고 누운 사람들
숨소리 마저 가늘다
더러는 젊고
더러는 여리고
대개는 마르고
대개는 늙고
우울하고
비 그림자처럼 어둡다

잔잔하게 흐르던 클래식 음악마저 흐르지 않는 주사실
저마다 항암주사바늘에 찔린 채
지렁지렁 목숨줄 매달고

저항조차 할 수 없는
언젠가 보았던 영화 속
마루타 같은,

난
클래식 음악마저 흐르지 않는
국립암센터 2층
외래주사실 6번방 3번 자리에 누워
우울비 개기만 기다리다
잠들다

2020. 05. 15. 국립암센터 2층 외래주사실에서 적바람하다

詩人과 癌과 詩 8

종일 잠만 잤다
종일 꿈만 꿨다

내가 할 수 있는 일이라곤
상여같은 침대에 누워 홀로 아픔과 싸우는 일
무너져내린 육신에선 절로 신음이 비오듯 터져 나오고
온몸 구석구석 통증의 샘은 멈출 줄 모르는,
아픔이다

대체
이 고통의 끝은 어디일까?
고통의 끝을 알 수 있다면 가늠이라도 해보련만
끝이 보이지 않는 고통 앞에
조금씩 지치고 무너져 내리는 내가 두렵다

나무가 되려는 걸까?

관절 관절마다 뿌리 내리는 아픔으로
四足은 木質化되고
머리에선 진분홍 열꽃이 핀다

차라리 나무가 되어라
바람도
새도 달도 별도 구름도 머물다 가는
고목이 되어라
달 밝은 날이면 62絃 퉁기며
노래 부르고
달도 별도 없는 밤이면
62枝 분질러
밤 새 환히 불태우는 火木이 되어라

2020. 05. 19.

詩人과 癌과 詩 9

일주일에 나흘 죽고
사흘 겨우 사는 체 흉내만 내는 삶이
이젠
힘들다
지친다
버겁다
이렇게 사는 것도 사는 걸까?

이젠 그냥
잠잠해지고 싶다
이게 내 운명이라면
온전히 받아들이고
山房 목련처럼 지고 싶다

이제 겨우
죽음 같은 나흘에서 벗어났는데

또 다시 난
살기 위해
죽음같은 길로 걸어들어가야 한다

아,
일주일에 딱 하루만이라도
사랑하는 안해 손 잡고
꽃나비처럼 소풍갈 수 있다면
참
좋겠다

2020. 05. 20. 이제 겨우 살만한데 또 항암주사 맞으러 가야 한다

詩人과 癌과 詩 10

이제, 그만 둘까?

더 이상 할 짓이 못된다
죄 없는 내 육신에게
더 이상의 고통을 안겨주어서는 안 되겠단 생각을 했다

차라리 하얗게 죽자
치사하게 매달려
구걸하지 말고
하얀 목련처럼 죽자

아직은 남은 다리로
숲길을 걷고
아직 남은 빨간 심장으로
뜨거운 詩를 쓰자
아직 남은 따슨 손으론

안해 얼굴 한번 더 어루만져 주고
아직 남은 파란 눈으로는
날 추억할지도 모를 이들에게
빙그레 웃음 한번 더 지어 보내주자

그리고,
아직 남은 추억으로
딸 좋아하는 떡볶이 한 번 더 해주고
자랑스런 아들과 모닥불 한 번 더 피우고
산방 그네에 앉아
사랑하는 안해랑 풋풋한 입맞춤을 하자

그러다 어느날
눈도귀도입도코도 다 닫히고
뛰던 가슴 언덕 白旗 푸득이는 날
하얀 구절초 위
한 마리 흰나비 되어
내 그리운 엄마 곁으로 가자
내 그리운 아부지 곁으로 가자

詩人과 癌과 詩 11

이른 새벽
머리에서 불이 난다
불꽃이 핀다

그러거나 말거나,
송곳으로 쑤셔대는 통증은
이제 익숙한 전래놀이 되었다

나조차 포기한 다리는
내 통제 밖의 조형물
그저 간들대는 막대기에 불과하다

매일같이
코피는 붉은 장미를 피우고
내 몸뚱아린 癌의 먹잇감에 불과한 허깨비
마른 꽃 피우는 屍身같지만

아, 난
그래도 살아내기로 했다
파란 깃발 가슴 가슴 꽂고
충직한 악어 무리 그득 이끌고
온몸 푸른 이끼 갑옷 입힌 토피어리 되어
국립암센터 1층 로비
전설의 그리팅맨 되기로 작심했다

2020. 05. 29. 새벽 국립암센터 가기 전
일산 클레오파트라 호텔에서 머리에서 열이 펄펄 나던 날

詩人과 癌과 詩 12

내게
2020년 5월은 없었다

붉은 장미의 기록도
신록을 노래한 짙은 녹음의 싱그러움 하나 없는
온통 기분 나쁜 바람소리
쏯하는 소리 뿐

일기장엔 연일
'종일 아파 눕다'
'오후 내내 눕다'
'아침부터 아파 눕다'

아까시꽃이 언제
피었다 졌는지
뻐꾸기는 서럽게 울다 갔는지

기억에 없고
내 5월은 만신창이가 된 채
찬비만 내내 내렸다

장미는 매일같이 코에서 鮮血로 피고 지고
찔레는 관절관절 가시로 돋고
머릿속엔 痛꽃만 그득할 뿐

내게
2020년 5월은 없었다

2020. 06. 01. 적바람하다

詩人과 癌과 詩 13

살아 있음에
어쩌면 아픔도 행복일지도 모른다는 생각을 했습니다

신새벽에 잠 깨어
숨 쉬고 있는 나를 발견하고
열어젖힌 창으로 들어온
새벽 햇공기 들이마시는 순간
아,
먼동 트는 가슴 벅참을 봅니다
태양도 살아 있구나

한산한 국립암센터 2층 채혈실
여유롭게 첫 채혈을 하고
1층 위암센터 앞 긴 의자에
안해랑 나란히 앉아
따뜻한 호흡을 합니다

아직은 신음 잔잔한 병원
깨끗한 환자복 입은 개미같은 여인
상여같은 침대에 실려
어디론가 빠르게 지나갑니다

- 2020. 6. 12. 이른 아침, 국립암센터 위암센터 앞 대기의자에 앉아 주치의 면담을 기다리며 적바림하다

詩人과 癌과 詩 14

앙상한 나뭇가지 같은 내 팔뚝
누렇게 뜬 손등, 손바닥, 손가락
실개울처럼 가느다란 血管에게
고맙고 미안하다

무슨 지은 罪 많아
찔리고 찔림 당하고
注入하고 注入 당하며
불끈불끈 堪耐해야 하는지.....

연이은 항암제에 지친 내 푸른 혈액도
지치고 지쳐
호중구 수치 750
찢기어진 白旗 들고
나락으로까지 떨어지기 직전
긴급 주사한 약물로 起死回生

다시 또
국립암센터 위암센터 앞
24차 항암치료를 위해 덤덤히 앉아
세포들의 잔인한 死藥 처방을 기다리고 있다

죽어야 사는,
죽여야 사는
잔인하도록 처절한 현실
죽고 죽이고
죽고 죽이는 Killing building
속에 누운

나는 생생한 암환자로소이다

2020. 06. 16. 국립암센터에서 적바람하다

詩人과 癌과 詩 15

밤새 熱꽃이 폈다
온몸 뜨겁게 달구며 피는 꽃
머리에서
다리에서
손끝에서
선인장 가시처럼 변해버린 머리칼에서
까만 어둠을 파먹으며 癌꽃이 폈다

아파 아파
신음조차 들킬세라
목울대 자물쇠로 잠그고
홀로 피는 바위 구절초처럼
하얀 피를 밤새 토했다

얼만큼 더 아파야
내 꽃은 지고

내 꽃은 져서
꽃 진 자리마다 열매를 맺을까?

그래,
별만큼이야 아프겠느냐
아파 아파
잠 한숨 자지 못하는
별만큼이야 아프겠느냐

아직 먼 게야
별이 되려면

별만큼의 아픔
별만큼의 사랑
별만큼의 이별
꽃
꽃들
꽃들을
아직은 더 피워야 할테야

詩人과 癌과 詩 16

山房의 꽃들이 봄부터 지금까지 피고 지고를 반복하고 있다
그 곱던 얼음새꽃이 피었다 졌고
분홍노루귀, 산수유, 개나리, 진달래, 매화말발도리, 목련도 피었다
졌다

그렇게 피고 지고 피고 지는 것이 꽃이거늘
꽃 진다고
꽃이 졌다고 그대
슬퍼하지 마라
'花無十日紅'이라고 하지 않던가?

우리네 삶 또한 꽃과 같은 것
모든 형체 있는 것은 다 사라지게 마련
영원히 존재하는 生物은 없다

꽃은 피고 지고

사람은 나고 죽는 법
그렇게 왔다가 그렇게 가는 것이 순리이거늘
사람아,
사람아,
별똥별 하늘 긋는 밤하늘조차
부디 슬퍼하지 말자

詩人과 癌과 詩 17

누워서 본다
보지 않으려하는 데도 보인다

나야 지은 업보가 많아 이리 누워 있다만
여섯살 파란 머리 동자승은 대체 무슨 악업을 지었단말가
업이 무언지도 모를 아해가
어찌 벌써 암꽃을 피우고 예 와 있는가
아해 보살이시여
부디 成佛하소서, 성불하소서

여섯살 동자승 성불하고난 자리
또래 女兒
해맑은 미소로 臥佛되는 지랄같은 세상

詩人은 어디 가고
부처는 오델 가시고

예수는 또 어델 가셨는지
세상 온통 돌팔이 뿐이로고

신인의 詩는 시들어 터지고
부쳐는 장 보러 가시고
예수는 높은 곳으로 달아나시고
예는 온통 해말간 신음소리로
저마다의 神을 붙들고 낮꿈을 꾸는
국립암센터 2층 외래주사실

2020. 06. 30. 국립암센터 2층 외래주실에서 적바람하다

詩人과 癌과 詩 18

주사실 안이 마치 양양 5일 장날 같다
넘치는 환자들로 대기실이 만석이다
길게 늘어선 항암제를 매단 거치대가 참으로 암담하다
주사 바늘을 오른 손등에 꽂고 항암 부작용 방지제를 주사하며 대기실 의자에 마냥 앉아서
침상 나기만을 손꼽아 기다린다
왕은범님~~~ 3번방 11번 침상으로 가세요
긴 기다림 끝에 마침내 내 자리를 배정 받았다

옥살리플라틴, 젤로다에 이어 파클리탁셀, 사이람사
이번엔 류코스팀, 필리그스팀, 페니라민.....
아하, 그래서 앎이로구나 (암~~새로운 것들을 알아감)

詩人과 癌과 詩 19

공기가 우울하다
코로나 19는 마스크라도 쓰면
위안이라도 되지
내가 누워 있는 국립암센터 병원동 2층
외래주사실은
KF98로도 걸러낼 수 없는
癌울한 공기만 흐를 뿐이다

마스크에 감추어진 잿빛 얼굴
슬픈 미소
끝없는 기도
생기 잃은 눈빛
절임당한 소망
슬퍼하지 말아요, 우리
절망은 더욱 하지 마세요
미안해하지도 마세요

좌절도 하지 마세요
흐느껴 울지도 마세요
우린 죄인이 아니잖아요

다시
감추어둔 기도문을 꺼내세요
구겨진 희망을 꺼내세요
누구나 다 가는 길
그 길 가는데 우울할 필요는 없잖아요
이 또한 지나가리니
부디 절망하지 마세요

우리 같이 걸어요
내가 당신과 함께 할게요
당신의 눈빛이 되어드릴게요
희망이 되어드릴게요
가요, 우리
꽃처럼 환하게 웃으면서

2020. 07. 14. 국립암센터 병원동 2층
외래주사실 7번방 12번 자리에서 적바림하다

詩人과 癌과 詩 20

국립암센터 병원동 2층
외래주사실 1번방 2번 침상에
누워본 사람은 안다

삶이 얼마나 절실한지
유방 잘리운 여인의 흐린 눈빛,
여섯살 꼬마의 콧물 같은 눈물
머리카락 빠진
검은 얼굴, 몰골, 죽음 그림자

저마다의 기도를 붙들고
저마다의 간절함으로
소리없는 소리의 깊은 한숨
촛점 잃어 흔들리는 병실 공기의 슬픔

아파보니 알겠다

모질다는 것
부질없다는 것
그리고
살아야할 이유에 대해서

눈물 흘리는 여섯살 꼬마의
말간 눈동자를 보지 못한 사람은
함부로 말하지 마라
삶과 죽음
그 모진 단어에 대하여

살아야할 이유는
곧
네가 있기 때문이다
세상의 모든 너희가 있기 때문이다

2020. 07. 28. 표적항암치료제 '사이람자'를 맞으며 적바람하다

詩人과 癌과 詩 21

어젯밤
산방 뜨락 그네에
풀벌레 소릴 태우고
별 헤던 날의 추억을 더듬어 보았지요

멍석 깔린 마당
감자 옥시기 삶아 놓고
엄마, 별 하나 나 하나
아부지, 별 둘 나 둘
큰누이, 별 셋 나 셋.........

그렇게
하늘 별들은 반짝이고
우리들은 별이 되고
마침내 별이 되어
별꿈 꾸던 날들에도

풀벌레는 지금처럼 울었고
지금처럼 울어서
밤새도록 울다가
풀벌레 별자리가 되었지요

보이시나요, 나의 어머니
나의 아버지
나의 별들이

이제,
별이 되려고 하는
내 하얀 노래
내 하얀 추억
내 하얀 영혼

당신,
내 별자릴 찾으시려면
눈 감고 마음별을 헤어보아요
그러다
그 머언 어드메쯤
하이얀 별 하나 보거드랑
보이거들랑

그대 하얀 손 흔들어 주어요
나도 따라
내 하얀 별
그대 가슴에 뿌리오리다

2020. 08. 08.
하얀 새벽에 갈기다

詩人과 癌과 詩 22

새벽마다
고놈 참
장닭이란 놈이
어떤 날은 울고
어떤 날은 노래 부르고

어치
딱새 참새 무당새 박새
뱁새 까마귀
이 녀석들 또한
어떤 날은 울다
어떤 날은 노래 부르다

分別이다

하나가 둘이 되고
셋이 되고

웃다 울다
미워하다 사랑하다
죽었다 살았다

본디 하나이거늘
本來無一物이거늘
내것이다
네것이다
이것이다
저것이다

울지도
웃지도 않았다, 그들은
내가 울었고
내가 웃었을 뿐
본디 내 것이란 없었다
세상 어디에도
내 것이란 없었다

비바람 거세게 분다
또 이 햇아침에

2020. 08. 10. 미산산방 내 자리에서

詩人과 癌과 詩 23

그림 같은 삶을 살고 싶다
언덕 위에 하얀집
짓고
녹색의자에 기대어 앉아
바람이 흔들어주는 그네 탄
안해
사랑 동동 바라보며
구절초 그득 품고 싶다

구절초 하양
꽃
향기
그리움
사랑
그득 담은 하얀 접시에
구름 둥둥 얹혀두고

으아~~
사랑,
뜨겁디 뜨거운
농익은 사랑
詩
밤새 부여안고
늙은 시인으로 저물고 싶다

2020. 08. 19. 산방 서재에서 선새벽에

詩人과 癌과 詩 24

山房
내 작은 연못 '운유지雲遊池'에
노랑어리연꽃님이 피었습니다

매미소리 처연하게 들리는 날
꽃님도 곱게
거듭나더니
저녁놀 수리봉 물들이기도 前
매미소리 사그러지듯
그렇게 가셨습니다

채 하루도 피어 있지 못할 거면서
채 열흘도 살지 못할 매미소리
장송곡처럼 물들이고서
그렇게 노랑을 접으셨습니다
그래도 살다간

꽃
매미
저녁놀은
그렇게 살다 흩어졌지만
네가 그러하듯
너, 너, 너, 너
그리고
당신, 당신, 당신은 죽지 않고 내게 들어와
하얀 꽃이 되고
별이 되고
詩가 되고

2020. 8. 20. 서재에서 선새벽에

詩人과 癌과 詩 25

산골
밤
주기적으로 나지막히 삐걱대는
그네 흔들림 뿐,
별도 달도 조심스러운 밤
귀또리
방울벌레
여치
풀종다리
은은하게 어우러지는 밤 뜨락은
거룩한 山寺가 됩니다

비워낸 虛空의 울림

가을엔
아프지 마라

채우지 마라
탐하지 마라
집착하지 마라

밤은
무심히 깊어만 가고
깊어만 지고
깊어만 질 뿐인데
난,

여직
무거운 낮그넬 탄다
아직 멀었다
내 炳은,
내 꽃 같을 詩는

2020. 08. 21. 선새벽에 서재에서

詩人과 癌과 詩 26

아침에
이슬 머금은 분꽃씨 네 알을 받았다
비비추 씨앗 두서너 줄기도 쟁여 두었다

내 하이얀 마음 속
연분홍 보랏빛 꽃이
어지럽게 피고
내 작은 꽃 언덕에
꽃바람 일렁대고
안해랑 난
쇼스타코비치 왈츠를 타고
너울춤을 춘다

꿈이다!
아직은 하이얀,

오늘도 난,
내 작은 꽃 언덕에 꽃씨 묻으며
하이얀 미소꽃 피워야지
구절초 같은

2020. 8. 23. 꽃 피는 언덕에 꽃씨를 묻으며

詩人과 癌과 詩 27

난
모른다
그네들의 병명과 병력과 아픔의 사연을,
깊이를
난 도무지 알 수가 없다
단지,
아픔은 죄다 각자의 몫이란 사실만 안다, 난

네가 아픈 것처럼 나도 아프다
내 아픔의 깊이를 설명할 순 없지만
나도 아파 그대들과 함께 누웠다
여기
국립암센터 2층 외래주사실 6번방 7번 자리

난
아직은 아프다

아픔의 깊이를 네게 보여줄 순 없지만
난, 슬프게도 여전히 아프다

그래
차라리 아플대로 아파라
아파 죽을 만큼 아파라
아프다 아프다 아픔도 지치면
사라질 날 있을테지
그런 날 있을테지

사이람자/파클리탁셀/젤로다/옥살리 플라틴
나무아미타불 관세음보살
열려라 참깨
옴마니 반메훔
에이멘

2020. 08. 25. 일산 국립암센터 2층 외래주사실에서

詩人과 癌과 詩 28

비 내리는 밤엔
별도 달도 뵈지 않지만
내 너 가슴에 살아있음을 안다

빗속에 실솔 울고
빗속에 사랑이 흐르고
빗속에 젊은 낭만이 다시 살아
넘실거리는데
아프다, 난

아픔은 죄다
오롯이 내 몫인,

오늘 밤처럼
비는 내리고
비

내리고
비
또 내리는 날엔
꿈속도 온통 비다
悲다

그. 리. 움. 비
悲

2020. 08. 28. 안해랑 밤 그네 타며 적바림하다

詩人과 癌과 詩 29

가만 가만
공기도 잠자는 선새벽
내 가느다란 호흡에도
가늘게 일렁이는 공기너울을 느낍니다

부지런한 풀벌레들
밤새도록 울어대다
검게 지친 목소리로 새벽기도를 합니다

비나이다 비나이다
날개 부벼 간구하는 기도 소리에
나도 따라 마음 날개 부벼 댑니다

살게 하소서 살게 하소서
그저 하얀 구절초 필 때 까지 만이라도
내 하얀 詩 곱게 피울 때 까지 만이라도

내 하얀 날개 접지 못하도록
안아 주소서

2020. 09. 02. 풀벌레들, 날개 부벼 기도를 하다

詩人과 癌과 詩 30

바람소리가 무섭다
빗소리 또한
무섭다
계곡 물소리도
무섭다

무섭다는 것은
내가 널 감당할 수 없다는 것
내게 너무 벅차다는 것
너를 피하고 싶다는 것

사랑도 욕심도
그러하다

무섭고
두렵고

무겁고
피하고 싶은 사랑은 사랑이 아니다

찰랑거리는
코스모스 몸짓 같은,
은근한 향 몰래 간직한
바위구절초 같은 사랑이어야
난
사랑할 수 있을 것 같다

사랑도
미움도
그리움도 욕심도
내 작은 운유지 같을 일이다

2020. 09. 03. 태풍 '마이삭' 땜에 잠 설치던 날 적바림하다

詩人과 癌과 詩 31

갈을 모았다

그리움 탱탱 부풀다 터진
파열음
갈갈……

너 또한 그러하다

간직하면 터지고
붙잡으면 달아나는
너란 그리움꽃
이
물든다
으로
물들인다

문신처럼
너는 내 속에 살고
살지만
넌 살지 않는
전설 속 그리움
이다

2020. 09. 17. 알밤도 그리움 무게 못 이겨 떨어지는 갈 새벽에

詩人과 癌과 詩 32

가을이다
어느새

가을엔 아프지 말자
쓸쓸함 짙어지는 가을엔
그저
노랗게 발갛게 물들이고
아픔을 숨길 일이다

단풍 든 아픔은
또 얼마나 아프겠냐마는
그러다
하얀 겨울이 그림처럼 펼쳐지면
아픔도
그리움도
하얗게 숨어버릴 터,

그러니
아프려거든
차라리 하얀 겨울에 아플 일이다
아,
벌써부터 붉게 물드는 가을앓이를
난 어찌 감당해야 하는가?
붉게 꽃 피는 身熱을
나 홀로
어찌 감당해야 하지?

C야!

詩人과 癌과 詩 33

넌
죄인이 아냐
그렇게 슬픈 눈 하지 않아도 돼
미안해 하지도 마
되었어
이미 충분해

머리카락 좀 빠졌다고
얼굴 좀 까매졌다고
몸이 좀 더 말랐다고
간수치가 좀 높게 나왔다고
호중구 수치가 크게 떨어졌다고
슬퍼하거나 미안해하지 않아도 돼

넌 이미 충분히 아팠고
용케도 잘 살아내고 있잖아

그러니 부디
슬픈 눈 하지 마
그런 네 눈 보면 나도 아파
차마 아프거든
마구 아프거든
마구 무너지거든
마구 눈물 나거든
그러니 여자여,
부디 슬픈 눈 하지 말아요

넌
죄인이 아냐
그렇게 슬픈 눈 하지 않아도 돼
미안해하지도 마
되었어
이미 충분해

2020. 09. 22.
내 맞은 편에 앉아 항암주사를 맞고 있는
슬픈 눈의 젊은 여자를 보고 적바람하다

詩人과 癌과 詩 34

아침부터
난 그저
아무 말도 하지 않은 채
검은 분꽃 씨앗만 모았다

얼마나
애간장 태웠으면
예쁜 꽃 진 자리
이리도
그리도
저리도
설운 사리舍利
당글당글 품으셨을까

내 肝臟 여기저기
검은 씨앗들 영글어가는 계절에

난,
아침부터
아무 말도 하지 못한 채
검은 憤꽃 씨앗만 모으고 있었다

산방 뜨락엔 분꽃 씨앗 검게 영글고
내 肝臟엔 癌꽃 씨앗 검게 영글고 가는데……

2020. 10. 07. 아침에 적바림하다

詩人과 癌과 詩 35

수타사 蓮池
고개 숙여 合掌한 蓮佛들의 讀經소릴 듣는다

空手來 空手去/色卽是空 空卽是色/一切唯心造/本來無一物
父母未生前 本來面目

그리고 들려오는 일갈
이 뭣고?

여보게 美山,
차나 한 잔 마시게
虛虛

하나로 걷다가
때론
둘로 걷다가

때론
하나되어 더불어 걷는 우리네 삶도
운수행각 雲水行脚일진대
설워마라
설워마라
꽃도 피면 지는 법이다
인드라망 같은 세상에
난
운명으로
번뇌와 분별과 집착과 업보의 짐을 지고 가는 길 위에서
잠시
차나 한 잔 마시세
삶은 한 조각 뜬구름 같은 것

가자
가자꾸나
내 길로 네 길로 그렇게 가다 만나
허허
차 한 잔 마시고
다시 하나되어
어화둥둥 뜬구름 타고
바람처럼

물처럼
가자꾸나

2020. 10. 15. 홍천 수타사 산소길을 다녀와서 적바람하다

詩人과 癌과 詩 36

점점 더 복잡해진다
詩人의 단순한 머리로는
기억조차 하기 힘든

옥살리플라틴
젤로다
파클리탁셀
사이람사
옵디보에 이어
이번엔 '이리노테칸'이란다

좌청룡 우백호 아닌
左주사 右주사에다 손등 찔림까지
온통 가시밭길이다

다시 또 죽고 죽이는 살벌함 속에 던져진 내 육신은

이리노테칸이란 갑옷 입은
검투사가 되어
암세포의 제물로 던져진 원형경기장에서
홀로
외로운 싸움을 벌여야 한다

이미 망가질대로 망가진
난
이번 싸움에서도 살아낼 수 있을까?

2020. 12. 15.
국립암센터 외래주사실 1번방 2번 자리에 누워 적바람하다

왕은범 성장소설

열세 살 은범이

제2부
왕은범 성장소설

프롤로그
#1 (아버지 왕대진)
#2 (어머니 최영창)
#3 (열세살 은범이)
〈이야기 42〉 헬로우, 기브 미 짭짭
〈이야기 43〉 땅뺏기
〈이야기 44〉 넉가래
〈이야기 45〉 쥐
〈이야기 46〉 쥐(2)
〈이야기 47〉 겨울밤
〈이야기 48〉 뻥튀기
〈이야기 49〉 강냉이
〈이야기 50〉 콩
〈이야기 51〉 이발
〈이야기 52〉 말타기
〈이야기 53〉 김장
〈이야기 54〉 채썰기
〈이야기 55〉 소여물
〈이야기 56〉 독꾸
〈이야기 57〉 테레비
〈이야기 58〉 가재
〈이야기 69〉 열일곱 은범이
〈이야기 60〉 꽃다지가 피었다
〈이야기 61〉 8,500원
〈이야기 62〉 콩나물
〈이야기 63〉 아버지의 노래
〈이야기 64〉 막걸리
〈이야기 65〉 죄
〈이야기 66〉 벌
〈이야기 67〉 나의 노래
하늘별 엄마한테 보내는 늙은 은범이의 편지
하늘별 아부지한테 보내는 늙은 은범이의 편지
예순살 은범이
그래서 난, 열세살 은범이를 써야 한다

프롤로그

　사랑스런 손녀 〈세아〉가 어느새 열세 살이 되었습니다. 이런 세상에, 어느새 열세 살이라니!
　숙녀 티가 물씬 나는 나는 열세 살 세아. 그 세아에게서 스무숲 열세 살 애숙이의 모습이 보이고 풋 옥시기 삶아낸 가마솥 내음이 풍겨 절로 눈 지그시 감고 내 열세 살 은범이를 떠올려 봅니다
　대룡산과 안마산, 스무숲과 청룡부리. 만수와 찌코형과 부뜰이가 전설 속 주인공이 되어버린 지금 스무숲이 사라지고 그 풋풋했던 자리에 회색빛 콘크리트 원룸이 미국자리공처럼 점령해버린 억울함. 마치 난지도 쓰레기 더미같이 변해버린 내 그리운 유년의 스무숲을 보며 차마 잊혀질까 두려워 나 어릴 적 들었던 금자할머니의 뒷동산 여우의 전설을 손녀딸 세아에게 들려주고 싶었습니다.
　열세 살 손녀 세아에게 들려주는 열세 살 적 할아버지의 아득한 이야기들을 통해 잊혀져가는 이 시대의 순수와 아름다움을 되살리고 싶었습니다.
　은범이는 영원한 열세 살이고 그 영원한 순수는 머리 허연 늙은이

가 되어도 여전히 바보 같고 바보스럽고 진정 바보 중의 바보가 되길 소망합니다.

　열세 살이 되어버린 이 시대의 아름다운 소녀 세아 그리고 어쩜 아득할지도 모르는 열세 살 적 할배 은범이의 이야기나, 스스로 미산(美山)은 여전히 풋내기입니다. 풋내음이 아직은 좋은 풋할배입니다.

　- 2018년 2월 28일 37년간의 교직생활을 마치며 미산산방 작은 서재에서

#1 (아버지 왕대진)

"범아, 넌 사람 가슴에 생채기 내면 안된다. 가슴에 남겨진 생채기는 두고 두고 지울 수 없단다."

대룡산이 버얼겋게 달아오르기 시작하는 새벽 아궁이 앞 나는 그렇지 않아도 동그란 두 눈을 더 크게 말똥거리며 부지깽이로 아궁이를 이리저리 휘저었다. 활활 타는 솔가지에 얹은 생 노간주나무는 불꽃놀이 하듯 타닥거리며 춤을 추다 사그라들고 가마솥의 소여물에선 허연 김과 함께 제법 구수한 내음이 나의 후각을 자극했다.

작두로 썰어 쟁여둔 옥수숫대며 콩깍지, 감자 등을 넣고 쑤는 소죽은 이른 새벽부터 일어나 아버지 일을 돕던 허기에 지친 나에게는 거두리에 생겼다는 중국집 짜장면 만큼 구미가 당기는 냄새였다. 아버지가 묵직한 가마솥 뚜껑을 들어 열자, 공지천 짙은 아침 안개 같은 김이 피어오르면서 아버지의 모습이 잠시 사라지더니 내 콧속으로 구수한 소여물 냄새가 스며들었다. 부연 안개 같은 김이 사라진 순간 조금은 불어터진 자주감자의 갈라진 껍질이 보이고, 그 틈새로 허연 감자의 속살이 보이자 나는 마른 침을 꿀꺽 삼켰다.

자줏빛이 선명한 감자, 울퉁불퉁 제 멋대로 생긴 자주감사 소여물로 끓인 가마솥에서 건져낸 감자를 아버지는 그릇에 담아 불길 사그러든 아궁이 앞에 쭈그려 앉은 나에게 건네셨다.

"범아, 이게 보긴 이래도 맛있단다. 먹어 보렴."

이른 아침 사람보다 먼저 소에게 아침밥을 챙겨주시던 내 아부지. 소 아침밥에 넣은 자주감자를 내게 건네주시던 울 아버지. 그 눈물겹게 고마운 아버지의 사랑에 감동받아 받아든 감자 네 알. 자줏빛 감자 껍질을 호호 불어가며 벗겨내고 맛을 본 순간, 아, 아리다. 아려도 너무 아리다.

난 그 어린 열세 살에 아버지의 아린 사랑을 처음 맛보았다.

그리고 아, 소여물 끓이던 부뚜막 위에서 달구어진 아버지의 사랑. 그 큰 사랑을 나중에야 알았다.

"범아, 날이 춥다. 부뚜막에 신발 올려 놓았으니 그거 신고 학교에 가렴."

그 춥디추운 겨울날 아침 등굣길 난, 아버지의 사랑을 폭신폭신 즈려밟고 즐겁고 행복하게 등교했다. 내 아버지 이름은 왕대진이다

#2 (어머니 최영창)

 또, 사립문에 매단 종이 삐거덕 소리와 함께 딸랑거린다.
 "누굴까? 누가 매일같이 이 시각에 사립문을 흔드는 걸까?"
 쪽문 쪽거울을 통해 쪽눈을 하고 살펴본 열세 살 은범이가 버릇처럼 웅얼거린다.
 "아, 역시 또 거지였구나. 거지가 온거로구나."
 열세 살 은범이의 눈에 비친 그런 풍경은 더 이상 낯설지 않았다. 여전히 허름하고 남루한 옷차림에 누가 보아도 가까이 하기 싫은 거지들. 하지만 은범이에겐 너무 친숙한 거지였다.
 나, 은범이를 비롯한 또래들은 물론이거니와 윗집 쌍둥이네 용식이 엄마. 아랫집 경숙이 엄마도 거지가 찾아오면 걸어 잠근 문을 열어주지 않고 그냥 쫓아버리기 일쑤였다
 "엄마, 또 거지가 왔나봐?"
 "범아, 거지라니? 어여 문 열어주고 마루로 모시거라."
 난 모시라는 엄마 말에 의아해 하며 사립문으로 다가가 거지를 안으로 모셨다. 거지. 그 사람은 정말 거지였다. 열세 살 은범이가 보기

에도 냄새 나고 더러운 거지였다. 그런 기지를 안으로 모신 엄마는 소반에 따끈한 밥이랑 반찬을 정성스레 차려 거지를 손님처럼 대접했다. 대청마루, 제비 똥 떨어지는 자리를 비껴 들기름 밴질밴질 밴 반지르르한 자리에 거지를 모셨다.

  그래서 일까? 내 어릴 적 기억 속 우리 집 대청마루엔 소문을 듣고 찾아온 거지들로 언제나 들끓었고 그때마다 엄마는 늘 온화한 미소를 지으시며 소반을 나르셨다. 그런 엄마가 하늘 천사가 되고 별이 되고 꽃이 되던 날 거지들은 울음으로 줄지어 절을 했고, 그 거지들의 절은 오래도록 스무숲 내 고향의 전설이 되어 지금도 안마산 바위에 암각되어 전설처럼 전해져 오고 있다. 그런 울 엄마 이름은 최영창이다.

#3 (열세 살 은범이)

은범이가 주인공이 되어 아니, 주범이 되어 이끌어가는 가난했지만 아름답고 푸근했던 시절의 이야기. 긴 겨울밤 화롯가에 둘러앉은 우리들에게 금자 할머니께서 들려주시던 옛날이야기.

정월 대보름날 달집 태우고 들어와 무 까먹던 고요한 밤에 들었던 여우 울음소리. 온몸으로 스멀스멀 기어다니던 이들과의 전쟁. 놋요강을 때리던 한겨울밤의 폭포수 같이 우렁찬 큰누나 오줌소리. 빤빤대가리 열세 살들의 좌충우돌 그리고 순수함, 아름다움, 사랑, 정이 말갛게 흐르는 시간.

내 나이 60이 되어 열세 살 은범이를 돌이켜 보니 아, 이 삭막한 시대에 은범이들이 문득 그리워진다. 열세 살 은범이는 키가 작고 몸집도 또래에 비해 왜소한 편이었다. 단지 또래보다 월등한 것이 있다면 눈깔사탕 만큼 커다란 눈과 대갈장군이라 불릴만큼 커다란 머리, 그리고 그 머리에서 시도 때도 없이 튀어나오는 기상천외한 짓궂은 생각들. 그래서일까?

스무숲 찌코형네 집 앞 삼거리 골목은 언제나 열세 살 아이들의 웃음소리가 떠날 줄 몰랐다. 열세 살들은 밤마다 모여 위험한 작당을 했고, 그 작당의 중심엔 대갈장군 은범이가 있었고, 키 큰 강백이도, 덩치 커다란 상섭이도, 나이 많은 찌코형이나 부뜰이, 완길이 형도 은범이가 주도하는 놀이에 동참할 수 밖에 없었다.

이제 열세 살 은범이의 이야기와 함께 잊혀져가는 아련한 추억 속으로 아름다운 시간 여행을 떠나보자.

"지섭아, 노올자~~!!"

"영미야, 노올자~~~!!"

⟨이야기 42⟩ 헬로우, 기브 미 쫩쫩

열세살 은범이는 아직도 꿈을 꾸나 봅니다.
'헬로 기브미 쫩쫩~~!!'
이리 뒤척 저리 뒤척이다 아까부터 무슨 헛소리처럼 되풀이 하는 말.
'헬로우_ 기브미 쫩쫩~!!'

[1]
어느 햇살좋은 가을날 스무숲에 찌푸차가 나타났습니다. 마을이 생긴 이래 가장 커다란 사건이 벌어진 겁니다. 얼룩덜룩한 옷을 입은 양코쟁이들이 탄 찌뿌차였습니다. 열세살 은범이를 비롯한 조무래기들과 마을 어른들이 구름처럼 몰려들었습니다. 누군가가 먼저 찌푸차로 다가가 외쳤습니다.
'헬로 기브미 쬬꼬레또!'
바다 냄새 진동하는 양코쟁이들이 묘한 웃음을 던지며 쬬꼬렛또를 던집니다.
히야~!!

[2]

너도 나도

"헬로 기브미 쪼꼬레또!"

여기서도 저기서도 "헬로 기브미 쩝쩝"입니다. 양코쟁이들은 재미있다는 듯한 묘한 표정을 지으며 껌이며, 사탕, 초콜릿, 과자 등을 던져줍니다.

"오, 싼타클로스여~!"

열세살 은범이가 껌을 나꿔챕니다. 얏호~~! 풍선껌이다.

[3]

밀타작이 한창인 날이면 아이들은 어른들 몰래 밀을 주머니 가득 채워넣습니다. 그리고는 녀석들의 아지트로 모입니다. 밀 껍질을 어렵게 부벼 까고는 한주먹씩 입안에 털어넣습니다. 왕소금 몇 알과 함께 질경질경 질경질경 씹으며 연신 침을 투웨~ 뱉아 댑니다. 입안에 다소 껄끄럽지만 제법 껌을 닮은 밀껌이 생깁니다.

"이야~~! 껌이다!"

껌이 되었다. 아이들은 입안 가득 물컹물컹한 밀껌을 씹으며 신명나게 골목길을 쏘다닙니다.

[4]

열세살 은범이가 오후 내내 풍선껌을 씹어댑니다. 질강질강즐겅즐겅 토도도독 톡, 톡. 입안에서 껌으로 풍선을 만들어 토도독 …터뜨리기도 하고 푸우~~불어 커다란 풍선을 만들었다간 톡! 터뜨리기도 하며 가끔은 풍선이 터져 코 전체를 뒤덮어 숨을 캑캑거리며 오후 내내 신이 났습니다.

쉰동골에 살다 이사온 길남이는 아까부터 한번만 씹어보자며 졸라댑니다. 세상에, 씹던 껌을 달라는 녀석이 어딨습니까?

[5]

헌이불 속으로 들어가며 열세살 은범이가 몹시 아쉬운 표정을 짓습니다. 그리곤 커다랗게 풍선껌을 부풀려 풍선을 만들어보고는 껌을 정성스레 꺼내어 벽에 붙입니다. 잠결에도 몇번씩 손으로 더듬어 확인합니다.

'음~~ 잘 있구나!'

그렇게 잠든 우리들의 열세살 은범이가 잠꼬대를 해댑니다.

"헬로우— 기브 미 쩝쩝!"

"헬로우 기브미 쪼꼬레또...!"

이불을 걷어찬 은범이 빤스가 보입니다. 미국 성조기와 태극기가 그려진 팔뚝이 악수하는 그림이 그려진 밀가루 포대를 손질해서 엄마가 만들어주신 누런 빤스가 축축해집니다. 또 오줌을 쌌나봅니다

⟨이야기 43⟩ 땅뺏기

 엄마, 우리집은 땅이 참 많았지요? 괸돌, 청룡부리에도 너른 밭이 대여섯 뙈기 있었고 기름진 논도 스무 마지기가 넘었지요. 스무숲에서 세번째로 부자였지요. 그렇지요?
 -美山-
 상섭이네 살구나무 그늘이 여름 한낮 개헛바닥처럼 축축 늘어진 자리. 열세 살 은범이의 아이들이 비잉~~ 둘러앉았습니다.
 효남이 빤빤대가리. 기계충으로 듬성듬성 머리칼 빠진 자리가 가을 햇살에 반짝거리고 아까부터 단발머리 경자가 머리를 북적대는게 심상치 않습니다.
 오호, 그럼 그렇지! 통통 살 오른 이 한마리 잡아 양 엄지손가락 손톱 위에 얹어 살포시 포갭니다. 그리고 이얍! 힘껏 누릅니다. 투욱~!
 -美山-美山-
 순덕이가 제법 통통해진 엉덩이를 뒤로 쭈욱 빼고는 냅다 동그라미를 그립니다.
 "우와~~! 순덕이 궁뎅이 크다아!"
 하하깔깔. 호호낄낄. 배꼽 들락거리며 댕글댕글한 원이 상섭이네

살구나무 그늘 아래 그려집니다.
 -美山-美山-美山-
 땅에 땅을 그려놓고 아이들이 시끄럽습니다. 저마다 엄지와 중지를 한껏 벌려 비잉~~자기 집을 짓습니다. 쥘부채 화들짝 편 모양새로 집이 그려집니다. 손이 솥뚜껑만한 강일이집이 제일 큽니다. 왕방울만한 눈을 가진 애숙이의 집이 제일 작습니다. 애개개..! 열세 살 은범이가 마음 속으로 안타까워 합니다.
 -美山-美山-美山-美山-
 차례가 정해지고 저마다 너른 들판을 향해 돌을 튕깁니다.
 티이~~잉~~! 엄지 손톱에 튕겨진 돌이 땅 위를 가로지릅니다.
 얏호~~!
 주욱~~
 다시 티잉~~
 얏호~!
 쭈욱~~
 마지막으로 세 번째 톡!
 너른 들판에 내 땅을 큼지막하게 그려대곤 마지막 제집으로 들어와야할 돌이 미처 집안으로 들어오질 못했습니다.
 으~~!
 손바닥으로 그었던 금을 썩썩 지우며 상섭이가 서운해 합니다.
 시간이 흘러 아이들이 어른이 되었습니다. 그들은 그들만큼 예쁜 딸과 아들을 낳았습니다.

⟨이야기 44⟩ 넉가래

 엄마, 그 많던 눈은 다 어디로 갔을까? 산에도 들에도 지붕 위에도 소리없이 보슬보슬 밤새 내려주던 눈은 다 어디로 갔을까?
 '스석 쓰석! 슥 쓱....!'
 마당 간지럼 태우는 소리가 열세 살 은범이 귓가로 들려옵니다. 희붐한 쪽문 쪽유리에 눈을 가까이 대고 밖을 내다 봅니다.
 왼쪽눈은 잔뜩 찡그리고 오른쪽눈 똥그랗게 뜬 채
 "우와, 눈이다!"
 아부지께서 지난 가을 만들어 두신 댑싸리빗자루로 하얀 눈 곱게 쌓인 봉당 배를 살살 쓸어대고 계십니다.
 '아부지는 밤새 수북하게 눈 내린 사실을 어떻게 알아내셨담?'
 열세 살 은범이가 머리맡에 허물처럼 벗어둔 옷들을 주섬주섬 챙겨 입고 살고마니 아부지께로 다가갑니다.
 "아부지, 안녕히 주무셨어요?"
 "아이고, 우리 범이 부지런도 하지, 벌써 깼어? 좀더 자지 않고?"
 눈이 참 많이도 내렸습니다. 봉당 쓸던 보드란 댑싸리빗자루를 치우고 싸리빗자루로 마당을 쓸어봅니다. 물기 듬뿍 머금은 떡눈은 싸리빗자루로는 도저히 안되겠습니다. 아부지께서 넉가래를 가져오십니다. 열세 살 은범이는 신이 났습니다. 힘든 줄도 모르고 마당으로 뒤란으로 넉가래를 힘차게 밀며 눈을 치웁니다. 외양간으로 가는 길도 뒷간으로 가는 길도 장독대며 우물 무우구덩이가 있는 밭까지 다 길을 내고는 골목으로 나갑니다. 벌써 부지런하신 뒷집 동섭이네 아부지도 광호형네 아부지도 다 나오셨습니다. 상섭이도 수인이도 용구도 넉가래를 들고 골목을 치우고 있습니다. 우린 멀리 신작로까지 넉가래를 들고 눈을 죄다 치웁니다. 검은 털모자며 벙어리장갑을 벗습니다.
"더워~~!"
까까머리에서 하얀 김이 모락모락 피어오릅니다.

⟨이야기 45⟩ 쥐(1)

달이 당그르르 솟아올랐다. 타박타박 밤길을 걸으며 달 한 번 보고 나도 한 번 보고 '달아 달아 아, 달아 달아 당글당글한 달이 네가 된다. 아, 난 마침내 네 속으로 빠지고 만다. 너도 나도 다 달이다. 온달이다. 온달이다. 아 온달이다.

'쪼로로로로...투앙~~!'

쥐들의 달음박질이 무르익습니다. 찌익~~찍,찍! 앙칼진 쥐 소리. 지붕과 구들 사이. 누렇게 얼룩진 가리개. 바로 내 얼굴 위. 고기서 고롱게 녀석들은 쉬임도 없이 사랑놀음으로 짓뭉개 집니다.

'어흠~~~! 이 놈들을 그냥!'

아까부터 이리 뒤척! 저리 뒤척! 마른 침 삼키시던 아부지가 부시시 어둠을 가르며 일어나십니다. 열세 살 은범이도 살고마니 눈을 뜹니다. 쥐. 쥐녀석들은 정말 밤을 좋아하나 봅니다. 놀이로 지친 열세 살 은범이랑 살이로 맹맹한 엄마 아부지. 널브러지게 누운 밤이면 어김없이 우당탕탕 다다다다 찌익 쨱 찍~~!! 밤잠 몰아내는 소리. 지긋지긋 합니다. 아부지께서 수수비를 움켜쥐십니다. 쥐같은 놈의 새끼들

~~!!
투앙!
탁~!
쥐오줌으로 얼룩진 막이 쥐들과 우리들과의 갈림. 그 가난한 종이를 두들겨 패십니다. 쥐똥 퉁기는 소리. 도로로로로... 퍄르르르르....
까무러치듯 숨죽이던 쥐들의 달음박질이 다시 이어집니다.
으~~~~! 온몸 그득 잠으로 뭉쳐진 엄마가 하품을 하십니다. 큰누나도 동생들도 다 꿈틀거립니다. 긴 긴 겨울밤. 쥐들의 질펀한 놀이에 말똥말똥 눈이 샛별처럼 반짝입니다. 불알시계. 댕댕! 댕댕! 열 한 번을 둥당댑니다. 아부지께서 칼을 가져오십니다. 불알시계 열 한 번 딩딩대고도 한참 지난 그윽한 밤. 아버지께서 지붕과 구들 새 쥐오줌으로 얼룩진 막이 그 가난한 막음을 트십니다.
부욱~~~북!
북~~부욱 ~~북!.
네모 쥐들이 온돌 깔린 우리에게 떨어지는 길이 열렸습니다.
좌르르르! 쥐똥이 먼저 한움큼 내렸습니다. 짱짱한 두려움이 맴도는 밤. 열세 살 은범이는 얼굴로 떨어질지도 모를 통통한 쥐들로 눈만 말똥합니다. 우당탕탕~~~! 다시 쥐들의 슬픈 놀이가 흐드러집니다.
봉기네 가게 앞에 다다랐을 무렵 열세 살 은범이가 친구들을 향해 외칩니다.
"애들아, 밥 먹고 비료포대 들고 본부로 모여! 애들 다 불러서 알았지?"

넉가래. 어깨에 떡 걸치고 미꾸라지처럼 골목으로 사라지는 열세 살 범이는 마냥 신이 났습니다.

⟨이야기 46⟩ 쥐(2)

 엄마, 긴 겨울밤. 전깃줄 제비 식구들처럼 차곡차곡 누운 방. 그 행복한 밤잠을 깨우던 소리. 찌익~~찍, 우당탕탕탕~~~! 쥐와 함께 살던 그 시절이 불과 40년도 안됐지 뭐야! 호마이카상에 둘러앉아 숙제를 하던 동생들이 하품을 합니다. 벽에 걸린 불알시계. 댕~~! 댕~~! 댕~~! 댕~~~~~~~! 뒷동산 부엉이 울음 따라 흔들립니다. 발뒷꿈치 꾸덕살 모조리 도려내신 아버지. 달콤한 잠 부르시는 모습. 감박 감박 별처럼 아롱집니다.
 화롯불 희미 희미 삭아들 즈음 엄마의 바느질도 끝이 납니다. 엄마의 고단한 어깨가 하품을 합니다.
 "하~~~아~~"
 식구들 하나 하나 이불을 둘러보시곤 엄마의 나른한 몸이 자그마하게 꼬부라집니다. 열세 살 은범이는 잠이 오지 않습니다.
 잠 자는 척 떨리는 눈꺼풀 다듬으며 쥐들의 달음박질을 따라 이리공 저리공 잠몰이를 합니다. 반쪽짜리 형광등 마저 꺼지고 은범이의 머릿속엔 천장에 도배된 신문지. 그 낡은 시대의 누우런 뉴스. 밀물처럼 썰물처럼 아른거리는데 아, 잠 못이룬 쥐부부의 사랑놀이가 시작되었습니다.

 우르르르르르......파바바바

 우당탕탕......우당탕...

 쫓고 쫓기는 다 자란 쥐들부터 쥐새끼만한 생쥐까지 겨울운동회가 무르익습니다. 열세 살의 은범이가 빼꼼~~~ 실눈을 뜹니다. 여전히 쥐들의 겨울운동회는 한창입니다. 아버지께서 헛기침을 하십니다. 천장의 쥐들이 멈칫! 조용합니다. 어머니께서 몸을 뒤척이십니다. 다시 또 천장 쥐들의 겨울운동회가 펼쳐집니다.

 우당탕탕......와르르르...!

 으이구, 저 놈의 쥐...!

 잠꼬대 같은 엄마의 처진 목소리. 잠조차 빼앗긴 엄마의 목소리에서 슬픈 내음이 흘러나옵니다.

 "이놈의 쥐새끼들을 그냥~~!!"

 마침내 아버지께서 일어나십니다.

⟨이야기 47⟩ 겨울밤

　엄마, 겨울밤은 참 길기도 했지요? 이른 저녁 먹고 잠시 정적이 흐르는 안방. 둥당거리며 달음박질 치던 천장의 쥐/쥐/쥐들……! 하루종일 놀이로 지친 은범이의 눈꺼풀이 무겁습니다.
　꾸움뻑~~끔뻑~~
　저녁으로 먹은 무밥은 이미 은범이의 밥통을 떠난지 오래입니다. 텅 빈 밥통을 채우기 위해 바가지 그득 퍼내온 강냉이도 금방 바닥이 나고 호마이까상에 동생들이랑 둘러앉아 숙제를 하던 은범이는 가물가물 졸고 있습니다. 화로를 끼고 앉으신 엄마는 바늘을 머리에 벅벅 긁으시곤 뚫어진 양말이며 해진 옷들을 꿰매고 계십니다.
　안방과 웃방 벽천장을 뚫어 반반씩 사이좋게 나누어 밝히는 형광등이 흐린가 봅니다. 바늘귀에 실을 꿰시는 엄마의 한쪽 눈이 일그러집니다. 아버지께서 누런 세숫대야에 따뜻한 물을 그득 담아오십니다. 대야에 발을 담그십니다.
　'으~~시원하다!'
　그렇게 한참 발이 퉁퉁 불었습니다. 꿈벅꿈벅 졸고 있는 은범이를 부르십니다.

"범아, 연필 깎는 칼 좀 가져오렴!"

부스스 은범이가 도루코 검정색 칼을 아버지께 건넵니다. 아버지께서 가으내 굳은 발뒤꿈칫살을 긁어내십니다. 벅벅벅! 국수가닥 같은 굳은살이 쏟아져 내립니다.

'이야~~!'

열세 살 은범이가 입을 쩍 벌립니다.

〈이야기 48〉 뻥튀기

 겨울밤은 참 길기도 했지요. 〈여로〉도 〈구룡반도〉도 볼 수 없는 긴 긴 겨울이 그나마 따뜻했던건 자루 그득 강냉이가 있었기 때문이었지요. 저녁으로 놋그릇에 무우밥 그득 비벼먹은 은범이는 아까부터 무에 그리 좋은지 마냥 싱글벙글입니다.
 아마도 오늘 튀겨온 사카린 달작지근하게 묻은 강냉이가 두 자루나 있기 때문인가 봅니다.
 가벼워진 저녁상을 쪽문으로 물리고 제비새끼들 마냥 비잉 줄지어 앉은 우리들은 고소함을 잔뜩 머금은 강냉이자루를 쳐다 봅니다.
 먹/고/싶/다/
 어머니께서 우리들의 입과 눈에 걸린 가난한 바램을 보셨나 봅니다.
 "범아, 강냉이 주련?"
 "네에~~!"
 누런 쟁반 그득 강냉이가 쌓이고 와자작 와그작 강냉이 부서지는 소리 말없이 빼곡할 즈음 저녁으로 먹은 무밥. 부끄러 부끄러 참다 참다 얼굴 내미는 소리.

"뽀오오오오~~~옹!"

하하하하....!

그래도 강냉이는 맛있기만 했지요. 강냉이는 먹어도 먹어도 질리지 않습니다. 먹어도 먹어도 배가 부르지 않습니다. 추억이기 때문입니다. 다락에 몰래 숨겨둔 고소한 강냉이 같은 추억들~~. 사라져 갔거나 사라져 가는 것들, 잊혀졌거나 잊혀지려하는 것들. 그 아름다운 추억들을 캐내서 우리 모두의 가슴을 다시 울렁이게 하는 〈비사랑의 겨울이야기〉는 더 고운 향기를 내며 달려 가렵니다.

여러분들의 많은 참여 부탁드립니다. 밤새 눈이 많이 내렸습니다. 잠자는 도시가 온통 새하얗습니다.

우와~~~!! 이제 주섬주섬 옷 차려입고 새벽 숲으로 나서야겠습니다. 아무도 걷지 않은 새벽 숲. 그 하얀 눈세상으로 빠져들어야겠습니다.

눈이 내렸습니다. 아니 지금도 눈이 내리고 있습니다. 함박 함박!

〈이야기 49〉 강냉이

쪼그리고 앉아 무언가를 잔뜩 기다려본 적 있으신가요? 짧은 해 간들간들 까무러치는 저녁 "뻥"하며 터지는 하얀 목화솜의 흩어짐. 아! 우린 그걸 '강냉이'라고 불렀지요.

어느 볕 좋은 겨울날 스무숲이 온통 시끌벅적합니다. 쉴틈조차 없이 놀아제끼던 열세 살 은범이도 오늘은 얼굴 벌겋게 물들이고 좋아라 좋아라 출랑거립니다. 뻥튀기 아저씨가 우리 마을에 오신겝니다. 아침밥 먹고 한참을 뛰어놀던 개구쟁이들이 와르르 영자네 너른 마당으로 모인 것은 "뻥~~~!"하는 소리가 까까머리를 뒤흔든 바로 그때부터입니다.

"얏호~~!, 강냉이 튀긴다아~~~~!"

말타기를 하던 아이들이 조랑말처럼 달음박질을 해댑니다. 코를 벌름거리며......

금자네도 강일이네도 상섭이네도 용구, 수인, 효남, 광호형네도 다 나왔습니다. 그 너른 영자네 마당이 사람들로 그득합니다. 옥시기 두 되가 한방입니다. 한방이면 미군이 준 원조용 밀가루 포대가 거의 다 채워집니다. 집집마다 두방씩은 튀기나 봅니다. 옥수수 담은 함지박이 길게길게 꼬리를 물고 이어져 있습니다. 우리집 함지박은 저 뒤에 있습니다. 아직 멀었습니다.

달달달달…..

강냉이 튀기는 기계가 볼록한 배를 실룩거리며 돌아갑니다. 뱅글뱅글 뱅글….! 아저씨는 거푸거푸 잘게 자른 쏘시개를 깡통에 쑤셔넣습니다.

달달달달….!

아저씨가 눈금바늘이 있는 뭔가를 들여다 보십니다. 그리고는 쇠꼬챙이를 쑤셔넣습니다.

'치익~~~칙~~!'

김 빠지는 소리가 시끄럽게 새어 나옵니다. 아저씨께서 여러군데 기운 망태를 씌우십니다. 열세 살 은범이를 비롯한 모든 사람들이 귀를 막습니다. 조마조마조마조마…..!

"뻥~~!!!"

마침내 하얀 김과 함께 망태 가득 새하얀 목화 솜같은 강냉이가 몽실몽실 모습을 드러냅니다. 갓 튀겨낸 강냉이를 한줌씩 집어갑니다. 따끈따끈 합니다. 아! 이 얼마나 예쁜 맛이런가? 우리집 강냉이는 짧은 겨울해가 깜부기불 마냥 깜박깜박 사라질 때쯤 튀겨졌습니다.

미군이 준 원조용 밀가루 포대로 두 자루나 됩니다. 어깨에 둘러메고 어머니랑 나란히 집으로 향하는 은범이의 입이 귀에 걸렸습니다. 너무 좋아 콧물이 그렁그렁 맺힌 것도 잊었습니다.

쓰윽~~! 오른 팔소매로 코를 닦습니다. 밴지르르 콧물로 절은 옷소매가 씨익 웃습니다. 그래도 열세 살 은범이는 마냥 신이 났습니다.

⟨이야기 50⟩ 콩

　겨울철이면 어머니께서 입이 심심한 식구들에게 콩을 볶아주곤 하셨습니다. 골목으로 놀러나가는 열세 살 은범이 호주머니엔 언제나 한줌의 볶은 콩이 들어 있었습니다. 놀이에서 돌아온 은범이가 부엌으로 들어 갑니다. 구수한 소여물 냄새가 콧속을 간지럼 태웁니다. 아버지께서 이글거리는 불씨를 부삽에 소복 담아 질화로에 정성스레 담으십니다. 언 손발을 아궁이 앞에 가져갑니다. 나이롱 양말에서 김이 몽글몽글 피어오릅니다. 북어 굽는 냄새가 납니다.
　"범아, 배 고프지?"
　"네!"
　"조금만 기다리렴, 오늘은 밥에다 고구마도 넣었단다."
　"우와~~!"
　열세 살 은범이의 댕그란 목구멍으로 침 넘어가는 소리 "꼴깍" 굴러 갑니다. 노릇하게 익어갈 고구마 생각에 은범이의 배가 시끄럽습니다.
　먹/고/싶/다/
　아버지께서 내 마음을 알아채셨나 봅니다.

"범아, 콩 구워줄까?"

아버지께서 광으로 가셔서 노란 메주콩을 한줌 가져오십니다. 부삽에 콩을 떼구르르 굴리십니다. 부지깽이로 화로의 배를 옴폭 파십니다. '데극 데각 데극……' 부지깽이로 콩을 굴리십니다. 탁! 틱! 톡! 탁! 콩 익는 소리/여물 익는 소리/밥 익는 소리/달작지근한 고구마 내음~~! 우리 은범이는 마냥 행복해 코를 벌름거립니다. 아버지 옆에 쪼그리고 앉은 열세 살 은범이는 행복합니다. 따뜻한 아궁이. 활활 이글거리는 화롯불. 톡톡거리며 익어가는 고소한 콩. 머릿속 가득 찬 노란 고구마 속살. 구수한 배춧국 끓는 소리. 엄마도 아버지도 은범이도 행복으로 발갛게 물들었습니다.

"다 됐다, 어여 먹으렴!"

앗, 뜨거! 를 거푸 토해내며 은범이는 고소함을 씹습니다. 아버지도 두 알 입에 넣으십니다. 난 얼른 몇 알 주워 엄마 입에 넣어드립니다. 엄마가 빙그레 웃으십니다.

"여보, 애들 군것질 거리도 없는데 강냉이라도 튀겨줍시다."

"그러세요. 마침 강냉이 튀기는 사람 올 때도 되었네요."

열세 살 은범의의 귀가 쫑긋 흔들립니다.

"이야~~~~! 신난다."

〈이야기 51〉 이발

　그 많던 것들은 다 어디로 갔을까? 열세 살 은범이의 추억 속에 자리잡고 있는 더러는 아름답고 더러는 무섭고 안타까운추억이라는 유물은 다 어디로 갔을까? 갑작스런 동생의 등장으로 신나는 말타기는 끝이 났습니다. 더벅머리를 벅벅 긁어대며 열세 살 은범이가 골목길로 접어듭니다. 우리집이 보입니다.
　아, 이발 할아버지도 보입니다. 아주 꼬꼬할아버지는 아니었지만 꼬질꼬질한 옷과 굽은 등, 제법 굵게 패인 주름살 때문에 나이보다 더 늙어보이고 괴물처럼 무섭게 보였습니다.
　열세 살 은범이가 깡통의자에 앉습니다. 머리카락이 거뭇거뭇 박힌 보자기를 내 몸에 씌웁니다. 그리고는 호환 마마보다도 불주사보다도 더 무서운 이발이 시작되었습니다.
　쩌걱 쩌걱 쩌어걱....! 바리깡 찌걱이는 소리. 귓가에 쟁쟁거립니다.
　"으아~!!"
　열세 살 은범이가 비명을 질러댑니다. 이발 할아버지가 내 머리털을 아예 뽑아댑니다. 바리깡이란 요상한 기계로 와락 찝어서는 찌걱

찌걱 소리를 내며 생머리를 뽑아댑니다.

"으아~!!!"

목덜미 부분과 귀 옆머리를 바리깡으로 찝어댈때의 그 아픔. 그 생털 뽑히는 아픔. 당해본 사람 아니고는 그 아픔을 이해할 수 없습니다. 엄청난 고통과 함께 덥수룩한 머리카락이 뭉텅뭉텅 뽑혀 길바닥에 흩어집니다. 삶의 터전을 잃은 이들이 이리저리 비틀거리고, 내 머리도 어느새 강일이 머리처럼 빤빤대가리, 고무대가리가 되었습니다.

이발 할아버지께서 혁대같은 가죽끈에다 스걱스걱 면도칼을 가십니다. 터럭도 나지 않은 열세 살 은범이를 어찌하시려는지.....! 돼지털 뽑아 만든 솔같은 것에다 비누거품을 내서 내 이마며 귓가 뒷목덜미를 빙 돌아 칠하십니다. 면도를 하시려는 겝니다. 난 다시 또 무서움에 떨어야 합니다.

"스걱~~!"

잘못하면 예리한 면도날에 베어 선홍색 피를 흘려야하기 때문입니다. 대충 머리카락 바리깡으로 찝어 뽑으며 무시무시한 이발도 끝이 나고 면도칼 예리한 칼질도 끝이 났습니다. 다행스럽게도 목 뒷덜미만 조금 면도칼에 베였을 뿐입니다. 그나마 무척 다행입니다. 이발 할아버지께서 허연 가루 풀풀거리는 헝겊주머니 같은 것을 내 빤빤대가리에 토닥거리십니다. 허연 가루가 머리며 뒷통수며 목덜미에 눈처럼 내려앉습니다. 내 몸을 감고 있던 불결한 보자기가 벗겨지고 열세 살 은범이는 서늘함을 느낍니다. 시원합니다. 아니 머리가 시립니다.

그날 우리집 앞 골목길엔 서캐며 이가 스멀거리는 머리카락이 수북히 쌓였습니다. 단발머리 계집아이들과 빤빤대가리 사내아이들이 해 저물도록 골목에서 자치기를 해댔습니다. 추억은 아름답습니다. 바리깡이 그립습니다. 무디어진 날에 머리카락이 깎인다기보다는 찝혀 뽑히는 아픔. 면도날에 살 베이던 쓰라림.

모두다 한결같은 단벌머리와 빡빡머리 그 아이들의 말타기며 자치기 사방치기가 그리운 겨울입니다. 이발소마다 걸려있던 명화들, 조금 더 커서 이발소 의자에 널빤지를 대지 않고도 머리를 깎을 수 있을 때쯤 전기로 깎는 바리깡이 등장했고, 그제서야 난 이발의 시원함과 면도의 개운함을 알게 되었답니다.

짧은 메모.1

엊그제 이발을 했습니다. 그 흔하던 이발관(소)도 이젠 보기 힘들더군요. 해서 단골 미용실로 갔지요. 안락한 의자에 앉아보드라운 여인의 손길을 느끼며 포근하게 이발을 했습니다. 아, 어디 머리털 뽑는 아픈 이발소 없나요? 다시 또 머리털 뽑히는 아픔을 느끼고 싶은, 아! 그리운 이발할아버지여~!!

짧은 메모.2

이발 할아버지. 빛바랜 가방에 주섬주섬 머리카락 부스러기 집어넣고 동구 밖 신작로로 사라져가고, 겨울해 동산으로 잠자러 가는 시간

누렁이 움머~~~여물 부를제 울엄마.
"범아~~~!, 밥 먹어야지~~~!"
사라져간 엄마 목소리.
"범아, 밥 먹어라~~~~!!"
잊혀지지 않는 스무숲의 암호다.

2006. 12. 11. 美山 왕은범

〈이야기 52〉 말타기

　　요즘들어 문득 문득 그리움에 빠져들곤 해. 그 많던 것들은 다 어디로 갔을까? 메리도 독꾸도, 떡먹지도, 메뚜기도....! 바리깡 쩌걱이는 소리. 시퍼런 면도날에 뒷덜미 베이는 아픔조차 그리운 것은 왜일까?
　　"빤빤대가리 고무대가리.....!"
　　하며 강일이를 놀려대던 아이들은 양지바른 영자네 밭 옥수수가리에 모여 소위 말타기를 합니다. (말타기놀이 : 우리들은 당시 그 놀이를 원초적 언어를 사용하여 'x박기'라고 불렀다) 수인이가 가랭이를 벌리고 서면 제1의 아해가 수인이 가랭이에 머리를 박고, 제2의 아해는 제1의 아해의 벌린 가랭이 사이에 머리를 박고, 제3의 아해는 다시 제2의 아해 가랭이 사이에 머리를 박고.....! 사내아이 계집아이 구별없이 모두 다 가랭이를 벌리고 머리를 쑤셔넣습니다. 열세 살의 은범이가 더벅머리를 말갈기처럼 휘날리며 녀석들의 등잔등으로 힘껏 올라탑니다.
　　"아고고고...!"
　　주호가 자지러집니다. 이번엔 몸집 좋은 상섭이 차례입니다 .

"다다다다다다......!"

거구인 상섭이가 하늘로 치뻗은 형근이 엉덩이를 양손으로 잡더니 공중으로 부웅 날아오릅니다. 하하하...! 영자 허리가 휘청거립니다. 말은 곧 와르르 무너져버립니다. 아이들의 웃음소리, 원망소리 뒤범벅이 되어 빈들 그득 왱왱거립니다. 우리 편은 모두들 신이 났습니다. 다시 또 말을 탈 수 있는 기회가 생긴 겁니다. 수인네 편은 다시 작전을 짜고 말을 만듭니다. 우리편 1번 기수는 영미입니다. 2번은 나, 3번은 상섭이, 4번은 길순이, 5번은 상섭이, 영미가 다다다다다... 달려갑니다. 나비처럼 나폴 수인이의 허리에 앉습니다. 드디어 내 차례입니다. 열 세 살 은범이는 손바닥에 침을 퉤~~! 두 손으로 썩썩 비비고는 허리춤을 치켜 올립니다.

"자, 간다~~~~!!"

그때였습니다.

"오빠아~~!! 범이 오빠~~!!"

바로 밑 여동생 정숙이가 허겁지겁 달려옵니다.

"......?"

"아부지가 오빠 빨리 오래!"

"왜?"

"머리 할아버지 왔다구 머리 깎으래!"

"으아~~!!"

신났던 말타기(말뚝박기)놀이가 순식간에 써늘해집니다. 호환 마마보다도 불주사보다도 변소간의 빨간보재기 줄까~~~? 파란보재기 줄까? ~~~귀신보다도 금자 거시기에 붙었던 찰거머리보다도 훨씬 무서운 이발사 할아버지!!! 떨어지지 않는 걸음을 떼야만 합니다. 아부지 말씀 잘 듣는 열세 살 은범이는 도살장에 끌려가는 누렁이 모습으로 고삐도 없는 동생 정숙이의 손에 끌려 골목으로 사라집니다.

⟨이야기 53⟩ 김장

　엄마, 어제는 눈이 내렸지요. 눈이 온다고 하얀눈이 함박함박 내린다고 전해줄 사람 하나 있었으면 좋겠다고 생각해 보았어요. 마흔 여덟에.... 청룡부리에서 실어온 배추랑 이모네서 얻어온 배추랑 뒷집 용섭이네가 준 배추... 300여 포기쯤 되는 배추가 밤새 잘도 죽었습니다. 노오란 속살 하나 떼어 엄마께서 간을 보십니다. 엄마 얼굴에 환한 미소가 파문처럼 파르르 번집니다. 나도 하나 뜯어 맛을 봅니다. 엄마처럼 곱게 열세살 은범이도 미소를 지어 봅니다. 집안이 분주합니다. 마을 아주머니들께서 우리집으로 우르르 몰려오십니다. 저마다 손에 손에 그릇을 들고서... (우리집은 당시 부자였습니다. 타작을 3일 정도 할 정도로 논이 많았습니다.) (울 엄마는 거지가 찾아와도 밥상에다 한상 그득 차려주시던 다정하신 분이셨습니다.) (우리집엔 객식구들이 언제나 우글거리는 생기넘치는 집이었습니다.)

　김장은 입으로 담가야 맛있나 봅니다. 우르르 모인 봉기엄마, 광호형네 엄마, 상섭이엄마, 강일이엄마, 수인이엄마.... 금자할머니. 쉴새 없이 수다를 떠십니다. 더러는 새로 시집온 새댁 흉도보고 얼마 전에

보물처럼 사들인 자전거 얘기며 테레비 연속극 〈여로〉이야기. 그 숱한 이야기들이 잘 절여진 배추 속에 버무려집니다. 김치 속 한줌, 수다 한줌, 뻘건 김치속 한줌 사랑 한줌, 하얀 속살이 바알간 빛으로 치장되어 김장이 무르익습니다. 엄마 옆에 쪼그리고 앉은 열세 살 은범이는 신바람이 났습니다. 눈부시게 하얀 춘지누나 엉덩이같은 배추줄기에 바알간 김치속을 얹어 돌돌 말아 내 입에 쏙쏙 넣어주십니다.

(여름날 밤 냇가에서 미역감던 춘지누나의 알몸을 훔쳐본 적이 있었다. 일부러 보려고 한 게 아니라 정말 우연히 보게 되었음을 강조한다.)

열세 살 은범이가 누런 주전자를 들고 봉기네집으로 달려갑니다. 신이 났습니다. 다시 맛보게 될 노란 주전자 주둥이와의 입맞춤 주전자 주둥이에 입을 대고 힘껏 빨아들이는 그 깊은 맛, 키스보다 감미롭습니다. 막걸리 판이 벌어지고 커다란 가마솥에다 지은 쌀밥을 푸짐하게 내놓습니다. 반찬이 필요없습니다.

배추김치, 총각김치, 깍두기, 동치미, 고들빼기김치, 김치만으로도 꿀맛입니다. 내 친구들도 우르르 다 몰려왔습니다. 열세 살 은범이는 연실 좋아라 좋아라 깡총댑니다.

김장곽으로 김치를 실어나릅니다. 아버지께서 차곡차곡 항아리를 채우십니다. 행복합니다. 하나둘 채워지는 항아리를 보며 열세 살 은범이는 콧노래를 흥얼거립니다.

"날아라, 마루치~~!"

"날아라, 아라치~~!"

"파란해골 13호, 납작코가 되었네~~!"

이제 김장은 끝이 났습니다. 어머니께서 동네 아주머니들의 손에 손에 김치를 담아주십니다. 사랑으로 담근 수다로 담근 김장김치를 꼬옥 안고 호랑나비처럼 종종종 가십니다.

〈이야기 54〉 채썰기

　엄마, 엄마의 그 가녀린 허리에선 어쩜 그리도 엄청난 힘이 쉴새없이 솟았는지요. 김장 담그는 날이면 고춧가루 묻은 엄마의 머릿수건이 생각난답니다. 구수한 순무국 한 사발과 반짝 반짝 윤기 흐르는 놋쇠 주발에 고봉으로 퍼담아 주신 밥을 청룡부리에서 집까지 서너 차례 배추며 무우를 실어나른 은범이는 허겁지겁 먹어댑니다. 맛있습니다. 그야말로 꿀맛입니다. 아버지도 그 커다란 밥그릇에 고봉으로 담긴 밥이며 세숫대야 같은 국그릇에 담긴 순무국을 뚝딱 후루룩 맛있게도 드십니다. 엄마도 동생들도 바로 위 누이도 배 뽈록해지도록 먹고 또 먹어댑니다. 일을 거들러 오신 금자할머니께서도 오물오물 맛있게도 드십니다. 이제 곧 시작될 엄청난 일을 하려면 든든하게 먹어둬야함을 잘 알기 때문입니다.
　마굿간의 누렁이도 모처럼 맛있게 쑤어준 여물을 다 먹었는지 행복한 노래를 불러댑니다.
　"움 머어~~~~~어~~~!"
　청룡부리에서 가져온 배추는 어느새 커다란 항아리에 그득 합니다.

간간한 소금물에 절여져 폭폭 죽어가고 있습니다. 배추를 절임 중인 항아리가 하나 둘 셋 넷 자그마치 네개나 됩니다.

　어림잡아 배추 300포기 쯤은 되어 보입니다. 부엌 뒤 펌프가 100촉짜리 백열등으로 대낮같이 훤합니다. 난 아까부터 찌꺽찌꺽 펌프질을 해댑니다. 시멘트로 만들어놓은 우물탕에 물이 고입니다. 아버지께서 삼태기 가득 무우를 날라오십니다. 와르르르...! 허여멀간 무들이 우물탕 속으로 들어갑니다. 작은누이랑 동생들은 볏짚 구겨 만든 수세미로 무우를 목욕시킵니다. 스걱 스걱 스걱.....! 춘지누나 종아리같이 매끈한 무우가 깨끗하게 씻겨집니다. 우물탕 배수구를 막았던 비닐 뭉치를 빼 흙탕물을 쏟아 냅니다. 다시 은범이의 펌프질이 시작됩니다.

　"찌꺽 찌꺽 찌꺽...!".

　우물탕에서 안방으로 옮겨진 무우들이 허영고 퍼런 알몸을 드러내고 일광욕을 즐깁니다. 금자할머니도 엄마도 머릿수건 질끈 팔에 힘을 주십니다. 이제 무우채 썰 시간입니다. 통조림깡통 두들겨 넙적하게 해서 못으로 정교하게 구멍 뚫어 나무판자에 못질한 채칼입니다. 아버지께서 심혈을 기울여 만드신 겁니다. 커다란 함지 양다리에 걸치고 슥슥 슥슥 무우채를 써십니다. 채칼 아래로 수북수북 쌓이는 국수발 같은 무우채가 커다란 함지로 옮겨집니다. 방안 그득 무우 냄새로 진동합니다. 열세 살 은범이는 들락거리며 신바람이 났습니다. 채 썰다 남은 대가리 퍼런 무우를 와자작 깨물어 먹기를 열 두어번 마침내 묘한 소리를 냅니다. 입에선 '끄~~억 ~~!!' 아래 고 어드메에서 묘한 소리로 삐져나오는 '뿌우우웅~~~!' 밤은 점점 깊어만 가고 무우채 며 갓, 대파, 마늘, 양파,...... 숭숭 콩콩 잘리고 으깨지고 다듬어지며 고단한 하루가 저물어 갑니다.

⟨이야기 55⟩ 소여물

　김장배추 그속엔 사랑이 알차게 담겼었지요. 엄마, 아버지, 나, 금자할머니, 용길엄마, 광호형네 엄마 그리고 동생 정자, 은경이의 사랑도 함께 어우러졌지요. 아버지께서 누렁이 여물을 끓이십니다. 청룡부리에서 실어 나른 배추며 무우를 툇마루며 봉당 그득 쌓아두고 아버지랑 박자 맞춰가며 설겅설겅 작두질해 자른 옥수수대랑 볏집 콩깍지랑 배추 이파리를 삼태기로 수북 담아 가마솥에 넣었습니다. 알이 작아 따로 부엌 한켠에 모아둔 자주감자도 한바가지 여물에 넣습니다. 너른 부엌엔 아궁이가 둘, 가운데 연탄아궁이가 진흙칠 뽀얗게 머금고 귀족처럼 자리잡고 있습니다.

　오늘처럼 군불 지피고 소여물 쑤는 날이면 거의 빈 아궁이로 거미줄만 무성히 쳐진 참으로 삭막한 연탄 아궁입니다. 소여물이 구수하게 익어갈 무렵 또 다른 화덕에선 순무국이 서글서글 끓고 있습니다. 아버지께서 아궁이에 던져넣은 고구마를 열세 살 은범이는 아까부터 부지깽이로 뒤적입니다. 소여물도 순무국도 고구마도 그을음 까맣게 그을린 부엌에서 그저 구수함으로 익어만 갑니다. 아버지께서 소여물을 끓이던 가마솥 뚜껑을 여십니다. 뜨거운 김이 부엌 그득 濃霧(농무)처럼 번집니다. 더불어 콩깍지와 볏집, 배춧잎과 자주감자, 옥수숫대 푹 고은 냄새, 배고픈 열세 살 은범이의 후각을 자극합니다. 아궁이에 묻어둔 고구마를 젓가락으로 찔러봅니다.

"설겅~~!"

아직 덜 익었습니다. 아버지께서 소여물을 〈빠께쓰〉에 퍼 담습니다. 자주감자가 눈에 띕니다. 자줏빛 감자를 냅름 집어듭니다.

"앗 뜨거~~!"

부엌바닥에 뎅그르르 구르는 감자를 얼른 줍습니다. 아버지께서 여물통을 외양간 소구유까지 나르시는 동안 자주감자 껍질을 벗깁니다. 엄지손톱만한 감자알이 드러납니다. 냅름~~! 입안으로 집어넣습니다. 아린 자주감자가 열세 살 은범이 속으로 빨려들어 갑니다. 타버린 고구마며 소여물로 쑤던 자주감자까지 냠름냠름 꺼내먹은 은범이의 작은 배가 볼록합니다. 콩깍지에 간혹 남은 삶은 콩까지 빼어 먹으며 아궁이 앞에 다리 벌리고 앉아 부지깽이 쑤석질하는 은범이 행복합니다. 부뚜막에 쟁반 걸쳐놓으시고 순무국을 퍼담으시는 엄마의 손놀림이 구수합니다. 세숫대야 반만한 국그릇 그득 순무국이 채워집니다. 하나

두울 셋! 안방 아랫목이랑 연결된 쪽문을 엽니다. 동생이 손을 내밉니다.

"뜨거워, 조심해!"

청룡부리에서 자란 배추, 그 배추의 뿌리 〈순무〉라고 불렀던 구수

한 녀석이 스무숲 겨울 저녁 밥상에 그득합니다. 엄마도 아부지도 누이도 동생도.... 누렁이도 아까부터 허연 김 몽글거리는 외양간에서 순무같이 구수한 저녁을 먹고 있습니다.

"움 머어어~~~!"

〈이야기 56〉 독꾸

우리집 개 이름은 〈독꾸〉였습니다. 완길이네 개는 〈메리〉였고, 예쁜 춘지누나네 개 이름은 〈해피〉였습니다. 열세 살보다 더 한참 어린 은범이는 마당에다 거시기(똥:일명 '변' 또는 '대변')를 자주 쌌지요.
"엄마~~! 응가 마려요!"
엄마가 얼른 나를 덥썩 안고는 잰걸음으로 달려가십니다.
"엄마아~~~! 나올려 그래!"
뿌우우~~ㄱ! 바지를 내릴 필요도 없습니다. 벌겋게 얼군 엉덩이가 적나라하게 드러나며 일명 '대변'이라고 하는 거시기를 토해냅니다. (아, 내가 얼마나 자주 그걸 옷에다 쌌으면 울 엄마는 내 바지 엉덩이 부분을 아예 동그랗게 파놓으셨을까?) 갑자기 엉덩이 부분이 동그렇게 잘려나간 바지가 그립습니다. 아까부터 엄마손에 붙잡혀 내게로의 접근이 불가능한 〈독꾸〉가 꼬리를 칩니다. 쉬지도 않고 쳐댑니다. 반갑다고…..! 〈독꾸〉는 정말 내가 반가워서 꼬리친걸까요? 거사를 거의 마칠 무렵 〈독꾸〉가 엄마 손으로부터 해방됩니다. 얼굴 그득 미소를 머금고 독꾸가 맹렬한 기세로 내 벌건 엉덩이를 향해 돌진합니다.

　너무 행복에 겨워 몸을 비비 꼬며 〈독꾸〉가 달려옵니다. 아직 조금 더 싸야 하는데....! 난 오리걸음으로 장소를 이동합니다. 새로운 장소로 이동을 채 마치기도 전에 〈독꾸〉의 만찬이 시작되었습니다. 맛있게도 잘 먹습니다. 게눈 감추듯 먹어치웠습니다. 오리걸음으로 이동한 장소에 아까보다는 적은 양의 똥을 쌉니다. 〈독꾸〉의 후식으로 말입니다. (난 근사한 저녁을 먹을 때면 후식으로 커피를 마십니다.) 〈독꾸〉가 행복에 겨워 꼬리치며 맛있게도 먹습니다. 마치 내가 커피를 그윽하게 마시듯이....

　잠시 저만치 보이는 안마산을 바라보는 동안 〈독꾸〉가 벌겋게 언 내 궁둥이을 핥아댑니다.

　"독꾸야! 저리가! 저리 가란 말야!"

　〈독꾸〉가 내 말을 들을 리가 없습니다. 여전히 내 거시기를 핥아댑니다. 비데가 따로 필요없습니다. 하하하! 〈독꾸〉는 〈똥개〉입니다, 우리집 개는 대대로 다 〈독꾸〉였습니다. 내가 좀 더 자라 열세 살이 되어도 우리집 개는 언제나 〈독꾸〉였습니다. 우리집 뿐만이 아닙니다. 우리 동네의 개들은 대부분 〈독꾸〉나 메리, 해피였습니다. 내가 우리집 〈독꾸〉를 어느날부터 〈럭키〉라고 부르자 〈독꾸〉가 나를 빤히 쳐다봅니다. '주인님이 실성을 하셨나 봐'라고 말하는 표정으로 징그럽게 미소 지으며 말입니다.

　그러던 어느날이었습니다. 학교 공부를 마치고 집으로 돌아온 난 "독꾸 독꾸독꾸독꾸독꾸~~~"!

"독꾸야~~~~아~~~!"

"독꾸야, 어딨니?"

〈독꾸〉를 애타게 부르며 찾으시는 부모님 목소리에 대문을 박차고 집안으로 들어갔습니다. 〈독꾸〉가 갑자기 보이지 않는다는 것이었습니다. 〈독꾸〉는 집밖 멀리까지 가는 법이 없었고, 주인이 집이라도 비우면 충실히 집을 지키는 충성스런 개였습니다. 그런 〈독꾸〉가 사라진 것입니다. 부모님을 따라 나도 집안 여기저기를 뒤지며 〈독꾸〉를 애타게 불러댑니다.

"독꾸야~~~! 독꾸야~~~!"

〈이야기 57〉 테레비

　엄마, 넓은 거실에 놓인 LCD 텔레비젼을 보다가 큰할아버지댁 마당에서 보던 '여로'가 떠올랐어. 열두 살의 아해들은 가으내내 신명납니다. 메뚜기로 배 채우고 고추잠자리도 시집 보내고 논둑의 콩까지 서리해서 입 까맣도록 구워 먹고는 대가리 퍼런 무우 손톱으로 밀어 깎아 속쓰리도록 우걱우걱 먹어대더니 끄억~~~트름 한번 길게 하고 아, 고 노곤한 팔다리 곤히 뉘이고 새록새록 꿈속에서 시원하니 오줌 갈겨대는 낭만. 그런 아해들이 서산으로 해 기울기 시작하면 우리집 툇마루로 쪼르르 몰려듭니다.
　"날아라 마루치~~! 날아라 아라치~~!"
　라디오 연속극 '마루치 아라치' 시그널 송이 흘러 나옵니다. 열두 살의 아해들의 눈이 빛나기 시작합니다. 파란 해골 13호와 맞서 싸우는 정의의 용사 마루치, 아라치, 그 흥미진진한 이야기를 숨을 죽여가며 듣습니다.
　"파란해골 13호~~ 납작코가 되었네~~~!" 로 드라마는 끝나고 우리들은 상기된 얼굴로 잠시 헤어집니다. 어머니도 아버지도 나도 동생도 누나조차도 밥을 서둘러 먹습니다. 담을 사이에 둔 뒷집 용섭이네도 마찬가지입니다. 아니 온 동네가 다 들썩거립니다. 큰할아버지네랑 세 집을 사이에 둔 우리집 앞으로 벌써부터 사람들 웅성거리는 소리가 들립니다.

〈여로〉가 방송될 시간입니다. 으아!~~~! 〈여로〉

'그~~옛날, 옥색댕기~~'로 시작되는 주제음악은 마을사람 전체를 숨죽이게 합니다. 그 너른 큰할아버지네 마당에 커다란 테레비가 놓여있습니다. 동네에 달랑 하나 있는 테레비고 요상한 물건을 보기 위해, 아니 〈여로〉를 보기 위해 마을 사람들이 다 모였습니다. 더러는 웃고 더러는 울며 내 열두살을 물들였던 아! 〈여로〉 구룡반도도 형사반장도 김일과 이노끼가 겨루는 프로 레슬링도 우리는 죄다 할아버지네 너른 마당에서 보았습니다. 지금처럼 그렇게 가을이 깊어지던 어느날 갑자기 테레비가 사라졌습니다. 날씨가 쌀쌀해진 탓에 할아버지도 할머니도 더 이상 테레비를 밖으로 내오고 들여가는 번거로움이 싫으셨던 겁니다.

'여로'와 '구룡반도' 레슬링 등에 중독된 마을 사람들은 안달하기 시작했습니다. '테레비 좀 보게 해주세요~~~! '여로' 좀 보게 해주세요~~~!' 굳게 닫힌 대문은 좀처럼 열릴 줄 몰랐습니다.

"할아버지, 저 은범이에요. 우리 식구들 좀 들어가게 해주세요~~!"

잠시 후 식모 순이가 빼꼼 문을 열어 줍니다. 대문 앞에 구름같이 몰려든 사람들을 뚫고 안방으로 들어설 때의 그 기분이란! 여전히 밖에선 요란한 외침이 끊이지 않습니다.

"테레비 좀 보여주세요~~~~!"

'여로'가 다 끝나고 우리 식구가 바깥으로 나올 때 까지 사람들은 가지 않고 웅성거립니다.

"어떻게 됐어?"

목을 꼿꼿하게 세우고 집으로 향합니다. 가을도 깊어만 갑니다.

⟨이야기 58⟩ 가재

엄마, 난 시방도 그 빨갛게 익은 가재 앞다리며 오디알 같이 까아만 가재알이 눈에 선해요. 그 많던 가재는 다 어디로 갔지요, 엄마?
-美山-美山-美山-美山-美
⟨가재 잡는 법⟩
-美山-美山-美山-美山-美

보리 익어갈 무렵
학교에서 돌아온 열세 살 은범이가 사립문을 밀고 바삐 들어갑니다.
"학교 다녀왔습니다~~~~!"
집안이 고요합니다.
"다 어디로 가셨지?"
열세 살 은범이는 책가방을 대청마루에 집어 던지고 상섭이네 디딜방아로 달려 갑니다. 아늑한 디딜방앗간에는 벌써 수인이랑 강일이, 용구랑 주호 신동골 촌놈 효남이도 와있습니다. 아이들을 비잉 둘러

본 열세 살 은범이가 입을 엽니다.

"자, 이제부터 깨구락지를 잡는거야, 떡먹지면 더 좋아!"

아이들이 잡초 무성한 논둑길 옆 도랑가를 뒤지기 시작합니다. 아이들 손에는 제법 길다란 싸릿가지가 들려있습니다.

"퍽, 퍽!!"

나뭇가지로 풀섶을 헤집습니다.

"풍덩, 푸~~웅덩!"

어른 주먹만한 떡먹지가 도랑으로, 강일네 논으로 놀라 달아납니다. 아이들이 능숙한 솜씨로 깨구락지를 잡습니다. 열세 살 은범이를 비롯한 사내아이들이 한손엔 개구리를 다른 한손엔 실이랑 양은주전자를 들고 한식이네 집 쪽 계곡으로 줄지어 걸어갑니다.

"김일성 똥구녕을 발기발기 찢어서 김일성 장가갈 때 덴뿌라나 해주자!"

누구한테 배운 노래인지 그 노랫말이 무슨 뜻인지도 모르지만 아이들은 신명나게 노리를 불러댑니다.

"다 왔다~~~!"

마침내 경석이 형네 할머니가 산신령님을 모시는 으시시한 집 앞 작은 골짜기에 도착했습니다. 거기엔 땅에 박힌 커다란 바위가 있었고 그 바위에는 너댓군데 아이 팔뚝 굵기 만한 굴들이 있었습니다. 바로 가재굴인 것입니다. 아이들이 모두 숨을 죽입니다. 칼돌을 주워 떡먹지 허리를 짓이겨 끊습니다. 그리고 편평한 돌 위에 개구리 뒷다리를 놓고 잘근잘근 짓이깁니다. 제법 진지한 표정들입니다. 누구 하나 말하는 이가 없습니다. 바느질 실을 꺼내 짓이겨진 개구리 뒷다리를 잘 묶습니다. 그리고는 나무막대기에 실을 묶고는 행복한 미소를 짓습니다.

"다 되었다!"

열세살 은범이가 바짓가랭이를 걷어올리며 행복한 미소를 짓습니다.

"찰방 찰방...!"

아이들은 저마다 굴 앞으로 다가갑니다. 그리고는 굴 입구 쪽으로 먹음직스런 개구리 뒷다리를 설치합니다. 가재 굴 입구와 개구리 뒷다리 놓는 거리가 중요하다는 사실을 아이들은 몇차례의 경험으로 잘 알고 있습니다. 이제 기다리기만 하면 됩니다. 정적이 흐릅니다. 뻐꾸기가 늦은 울음을 울어댑니다.

'뻐꾹, 뻐뻐꾹 뻐꾹~~!'

아까부터 숨죽여 가재 굴 입구를 뚫어져라 바라보던 은범이 눈이 빛납니다.

'조금만 더....조금만 더....!'

열세 살 은범이가 손에 땀을 쥐며 주문을 욉니다. 개구리 뒷다리의 고소한 맛이 가재들의 미각을 자극한 걸까? 가재들이 하나 둘 개구리 뒷다리로 모여듭니다.

'으~~~ 조금만 더....!'

열세 살 은범이도 수인이도 강일이도 상섭이도 다 같은 모습입니다. 살곰...살곰.....살곰....실을 잡아당깁니다. 개구리 뒷다리에 넋을 빼앗긴 가재들이 아이들 앞으로 점점 가까이 옵니다.
"히히히히......."
"잡았다~~이~~!"
해 저무는 산골짜기가 아이들 함성으로 찌렁찌렁 울립니다.

⟨이야기 59⟩ 열일곱 은범이

　내 나이 열일곱 살이었을 때 내 이야기는 그때부터 시작돼 더러는 슬프고 더러는 아름다운 내 등푸른 열일곱 때의 이야기 이제부터 들려줄게. C야, 기대렴, 내 푸른 어깨에……
　그날은 아침부터 부실한 우산으로는 막아낼 수 없을 정도로 굵은 비가 내렸지. 늘 그 시간이면 나타나는 시내버스 그리고 하얀 카라의 그 계집애. 눈이 유별나게 동그랗고 예뻤던 그 소녀. 내 심장을 요동치게 만들었던 그 소녀. 난 그날 비에 젖어 살에 밀착된 그녀의 브라우스를 보았어. 그녀의 브래지어 끈이 선명하게 보였고, 그녀의 따뜻한 살과 내 살이 서로 등을 맞댄 채 아주 오랜 꿈을 꾸게 되었지. 그게 다야. 그녀는 서울로 곧 이사를 갔고 난 다시는 그 시간에 버스를 타지 않았어.
　지금도 난 대동운수 시내버스를 보면 그 굵은 비 내리던 내 나이 열일곱의 따슨 등이 떠오르곤 해. 열일곱살 소년은 말수가 적었다. 그 천방지축에 개구쟁이였던 은범이는 무슨 철학자라도 되는 양 커다란 눈은 항상 그윽했고 늘 무언가에 홀린듯한 표정으로 많이 심각하고 진지했다. 그 당시의 또래가 다 그러했듯 양은도시락 두 개에 터질듯한 책가방 그리고 늘 지치고 지치고 지친 모습으로 소년은 1975년 봄을 보내고 있었다. 그리고 눈이 커다란 소녀를 사랑(?)하게 되었고 그리고 아무 일도 생기지 않은 채 그 소녀는 떠나가고 말았다.

열일곱 소년의 꿈은 외교관이었다. 소년이 사는 도시에서 알아주는 명문고에 다니던 소년은 오직 밥만 먹고 공부만 했다. 그게 유일한 희망이었다.

'서울로 가야한다. 서울로 가서 그 여자애를 찾아야해'

집으로 가는 막차 속에서조차 소년은 영어 단어집을 놓지 않았다. 자정이 가까워져서 집에 도착한 소년은 식구들 깰세라 슬그머니 허름한 부엌으로 들어갔다.

'배 고프다!'

가난한 찬장을 연다. 고추장, 짠지, 찬밥 식욕 왕성한 열일곱 은범이가 밥을 먹는다. 슬프다. 그래도 울지는 말아야 해. 착하지, 범아! 날이 갈수록 엄만 점점 야위어만 가고, 누나둘은 서울 청계천 8가 삼일아파트 미싱 시다로 돈 벌러 갔다. 형은 구로공단 모 모피회사엘 다녔고, 아부진 언제나 막걸리 냄새를 풍기시며 노랠 부르셨다.

"인생이 살면~~~ 얼마나 사나~~!!"

아버지의 노랠 밤새 이어졌고 엄만 파란 병의 하얀 위장약 '암포젤 엠'을 밥처럼 드셨다. 새벽 1시가 되어서야 아버지의 노랠 멎었고 안티프라민 눈가에 바른 은범이도 푸석하게 쓰러진다.

그날 밤. 열일곱 살 은범인 꿈속에서 그 여자아이를 만났고 아마도 몽정을 행복하게 했었지?

〈이야기 60〉 꽃다지가 피었다

　겨우내 긴 잠 잔 밭에 꽃다지가 한창이다. 양지 바른 밭머리마다 노오란 꽃다지가 몽글몽글 피었다.
　봄이다. 쪽쪽. 쪼옥쪽 힘차게 젖빨이 하는 대지도 하늘도 다 봄이다. 열일곱 은범이의 콧수염이 날로 조밀해지고 밤마다 눈 큰 여자아이를 만나는 다리에 힘이 불끈 솟는 봄이다.
　복사꽃 탱글탱글 꽃눈 키워가는 봄날. 그 눈부시게 화사한 봄날. 서울로 간 그 여자애 젖망울도 그렇게 연분홍이었을까? 사방이 온통 봄의 보드란 손길로 간지러 간지러 툭툭 터지는 발갛기만 했던 날, 그 슬프도록 처절한 봄날을 난 지금도 기억한다. 8,500원 그리고 15원

[회상 1]
　열일곱 은범이는 늘 잠이 부족했다. 안티프라민을 눈두덩이에 잔뜩 칠하고 강제로 쫓아버린 잠들도 언제나 일순간에 안티프라민의 높은 장벽을 무너뜨리고 몰려왔다. 벽시계 마지막 길고 긴 타종도 나른해지고 막걸리 냄새 허공에 뿜어 대시는 아버지의 노래마저 지칠 즈음

은범이는 죽음같은 잠으로 빠져들곤 했다.

　꿈이었던가?

　열세살 은범이네집은 동네에서 세번 째 가는 부자였다. 큰할아버지, 작은할아버지네집에 이어 우리집이었다. 사나흘씩 이어지는 탈곡. 높게 높게 쌓이는 볏가마. 마을 사람들은 종종 우리집으로 식량을 꾸러 혹은 돈을 꾸러 들르곤했다.

　울임만 그 당시 흔하던 거지가 찾아와도 개다리소반에 따슨 밥을 차려주곤 하셨다. 거지들의 입소문으로 우리집엔 사흘 걸러 한번 꼴로 거지가 들끓었다. 우리집은 동네 아줌마들의 단골 마실집이었다. 우리집엔 동네사람들을 위한 주전부리가 늘 있었다. 열세살 은범이네집은 부자였다.

[회상 2]

"엄마, 차비…!"

은범이가 푸삭한 손을 내민다.

"이 놈아, 진작 말하지!"

신음소리를 남기며 엄마가 골목으로 사라진다. 15원! 아, 15원이 없다. 마당이 공허하다. 몇날 몇일을 앵앵대던 탈곡기며 도리깨 풍구는 흔적도 없고 열일곱 등푸른 은범이의 쪼그라든 뱃가죽이며 밤새 숭숭 자란 거무둥둥한 콧수염이 동 트는 마당에 까맣다. 까맣다. 다 까맣다. 뒷집 쌍둥이네도 또 뒷집 윤서형네도 또 뒷집 종업이네도 온통 다 까맣다. 뒷집에 옆집을 돌고 돌아 개미같기도 거미 같기도 한 엄마가 아지랑이처럼 다가오신다. 힘겹다. 어지럽다.

"어여 가, 학교 늦겠다!"

15원이 생겼다. 여전히 대동운수 버스에는 어젯밤 꿈속에서 만났던 그 여자애가 없다. 어린 차장아이. 아슬아슬하게 문에 매달려 차를 두드린다.

"오라이~~!"

버스기사. S자로 두어번 휘돌아 짐짝같은 승객들을 쑤셔박는다. 막이 내린다. 은범이는 버스를 탔다. 열일곱인데, 이제 겨우...!

〈이야기 61〉 8,500원

[1]

중앙시장 조금 더 지나 로터리 밑 검정 검정/ 하양 검정/검정 하양 교복을 입은 열일곱 여덟 사내아이들 혹은 열여덟 아홉 소녀들이 깡통같은 버스에서 꾸역꾸역 쏟아져 내린다.

재잘재잘 주절주절. 돼지 멱따는 사춘기 사내들의 거친 목소리랑 봄꽃 간들거리듯 나긋나긋한 여자아이들의 물오른 목소리가 춘삼월 낙원동 골목골목 봄봄거린다. 열일곱 은범인 단어장을 손에 들고 입을 굳게 다문 채 학교로 향한다. 돌아서 흐느꼈을 엄마의 모습이 아직도 가슴을 짓누른다.

마음이 무겁다/아프다/서럽다.

'서울로 가야 해! 난 꼭 서울로 갈거야!'

[2]

아이들은 다 완전자동이었다. 열린 교실문으로 무덤덤하게 들어와 제 자리에 앉고 무덤덤하게 책을 꺼낸다. 영어참고서 아니면 수학참

고서 성문종합영어/공통수학.. 더러는 수학1의 정석, 간혹 해법수학이나 수학2의 정석. 어떤 아이는 그 두꺼운 콘사이스를 통째로 외우기도했다. 그 얇은 종이에 까맣게 박힌 단어들을 모조리 외우고는 백김치처럼 북~~찢어 씹어먹기도 했다. 그 누구도 떠든다거나 교실 분위기를 해치는 일을 하지 않았다. 그 살벌하기까지한 교실 분위기를 깨는 사람은 언제나 담임선생님이셨다.
 '드르르르~~륵!'
 교실 앞문이 열리고 출석부며 교재를 옆구리에 끼신 담임선생님께서 들어오신다.
 차렷! 열중 쉬엇! 차렷! 선생님께 경례!

[3]
 젠장, 이런 젠장! 그 치욕스런 이름들 중에 내 이름도 불린다.
 '왕은범!' 교납금 미납부자 명단이다. 우리반 납부 실적이 제일 나쁘단다. 그래서 선생님께서도 이래저래 위로부터 핍박(?)을 받으신다고 하소연이다. 지난번 약속하기를 오늘까지는 꼭 내겠노라고 약속하지 않았느냐고. 왜 아직 안내느냐고. 왜 안내느냐고! 왜.....!
 집으로 가란다. 가서 돈을 가져오란다. 돈을 가져오라고 하신다. 8,500원! 이런 젠장! 이런 우라질....! 나를 비롯한 몇몇 반 아이들이 추방당한다. 그래, 그건 추방이었다. 아, 다시 또 눈물이 난다. 걸었다. 걸을 수밖에 없었다. 내겐 차비가 없었다. 터덜터덜 걷고 또 걷고 또 걸었다. 마을이 가까워진다. 가슴이 방망이질을 해댄다. 엄마의 가느다란 허리가, 찌든 얼굴이 떠오른다. 아, 집은 가까워지는데 열일곱 은범이 발은 무겁기만하다.

'범아, 울면 안된다. 울면 안돼. 제발 울지는 말자!'

기울어져가는 흙담 너머로 개미 같기도, 거미 같기도 한 엄마가 빨래를 널고 있다. 아, 나도 모르게 참았던 눈물이 꽉 깨문 입술 사이로 소낙비처럼 터지고 만다.

〈이야기 62〉 콩나물

보지 말았어야 했다. 보지 말았어야 했다.

[1]
우리 마을엔 군부대가 있었다. 제법 규모가 큰, 대대 규모의 부대가 산밑으로 길게 자리잡고 있었다.

[2]
우리집은 제법 많은 돼지를 길렀다. 두부 만들고 난 비지나 촛물은 훌륭한 돼지먹이가 되었고, 군부대의 소위 〈짬밥〉도 어머니의 수고로 우리가 가져다 먹일 수 있었다. (엄만 1년에 한번 커다란 돼지를 부대에 제공하기로 하고 군인들이 먹다 남긴 음식(잔반)을 가져올 수 있는 계약을 성사시키셨다)

[3]
개울 건너 빵공장 옆엔 막걸리공장이 있었다. 밀가루를 원료로한

막걸리제조 과정에서 〈술찌꺼미〉가 많이 발생했다. 그 술찌꺼미 노한 엄마의 탁월한 수완으로 고스란히 우리집 돼지들의 먹이가 되었다.

[4]
　우리집 호마이카상엔 언제나 콩나물이 올라왔다. 콩나물국,콩나물무침 그리고 콩나물밥도 자주 먹었다. 콩나물 많이 먹어야 키가 큰다는 말씀을 믿고 우리 식구들은 열심히 콩나물을 먹었다. 그렇게 열심히 콩나물을 먹었건만 국민학교 시절 우리들은 늘 출석번호가 10번 안쪽이었다. 열세살 은범인 출석번호가 3번이었다.

[5]
　대룡산이 희미하게 드러날 즈음 도라무통 그득 짬밥을 실은 니야까가 대문 종을 딸랑이며 마당으로 들어선다. 가마솥에선 간수 넣은 콩물이 서서히 응고되기 시작한다. 열일곱 은범이가 잠시 방에 들어갔다. 뒷간을 가기 위해 뒷문을 열고 댓돌의 신을 신는다. 뻠뿃가 엄마 화들짝 놀라신다.
　"변소 가니?"
　무슨 음모를 꾸미다 들킨 사람처럼 엄마가 어쩔줄 몰라하신다. 커다란 고무다라에 콩나물이 수북하다. 보지 말았어야 했다.

[6]
　난 그만 자주 우리집 호마이카상에 오르던 콩나물의 비밀을 아, 그

아픈 비밀을 그만 알고 말았다. 콩나물을 그리 많이 먹었음에도 국민학교 시절 출석번호가 한자리 숫자였던 이유도 알게 되었다. 그리고 왜 우리집 콩나물은 유독 물렁물렁했는지도 알게 되었다.
 "아! 엄마! 미안해하지 마세요! 전 아무렇지도 않다구요,
 엄마! 비밀로 해둘게요! 우리 식구 모두에게 비밀로 할게요!"

[7]
 도라무통에서 건져낸 콩나물을 돼지도 먹고 우리도 먹었다.
 시대적 배경을 살리기 위해 표준말이 아닌 속어를 일부러 사용했습니다. 이해 바랍니다.
 "엄마, 왜 콩나물 대가리가 없어요?"
 "으응~~! 엄마가 너무 박박 씻어서 그래!"
 "엄마, 콩나물이 왜 이렇게 물렁물렁해요?"
 "엄마가 너무 푹 삶았나보구나."
 동생들의 아픈 질문이 귓가에 쟁쟁거린다. 난 열일곱이었다.

〈이야기 63〉 아버지의 노래

〈'罪와 罰'을 위한 끄적임〉
罪인가? 개미 같기도 거미 같기도한 울엄마가 罪를 짓고 계신걸까? 罰을 키우시는걸까? 病을 키우시는걸까?
　그날도 울엄만 罪를 짓고 계셨다. 내 버스비를 버셔야 했으니까. 罪인가? 진정 罰 받아야할 罪를 엄만 저지르고 계셨던걸까?

[1]
　콩나물을 그렇게 많이 드셨음에도 울아버진 키가 자그마하셨다. 몇 번의 용접으로 만신창이가된 〈니야까〉를 끌고 아버진 화학부대 위병소를 지나 태백교를 건너 막걸리공장을 매일 다니셨다. 막걸리를 빚고 남은 술찌꺼미를 얻어오기 위함이었다. 우리집 사정을 잘 아시는 막걸리공장 공장장 아저씨께서 우리로 하여금 그 많은 술찌꺼미를 가져다 돼지먹이로 쓸 수 있게 배려해 주신 것이다.

[2]

막걸리공장을 드나드시면서부터 아버진 거의 매일 술을 드셨다. 아버지께서 실어오신 술찌꺼미를 먹은 돼지들은 매일 취해 잠만 잤다. 아마도 돼지고기에서 막걸리 냄새가 났을테다. 울 아버지처럼

[3]
아버지의 희망이자 힘이었던 논과 밭을 하나하나 팔아버리면서 아버진 그 슬픔과 억울함을 어디에도 호소하지 못하시고 막국수 판 돈으로 두부 판 돈으로 술을 사드셨다. 그때부터 아버지 입에선 곡조도 모를 노래 '인생이 살면은~~~~ 얼마나 사나~~~~!'로 시작되는 긴 恨의 노래를 부르곤 하셨다. 난 아버지의 노래가 듣기 싫었다. 내 나이 열일곱 살이었을땐...!

[4]
은범이는 아버지를 싫어했다. 아니 미워했다. 아니다. 증오했었다. 내 나이 열일곱이었을땐...!

[5]
이른 새벽 눈 비비고 일어나 점점 더 개미같고 거미 같아지는 엄마랑 맷돌질을 하면서 그렁그렁 주무시는 아버지가 은범이는 미웠다. 막걸리공장을 다녀오시면서 풍기는 술냄새도 싫었다. 밤늦게까지 흥얼거리시는 아버지만의 노래. 그 노래도 지긋지긋했다. 내 나이 열일곱 살이었을 땐...!

[6]
罪인가? 개미 같기도 거미 같기도한 울엄마가 罪를 짓고 계신걸까? 罰을 키우시는걸까? 病을 키우시는걸까? 그날도 울엄만 아버지와 함께 罪를 짓고 계셨다. 내 버스비를 버셔야 했으니까. 罪인가? 진정 罰 받아야할 罪를 엄만 저지르고 계셨던걸까?

[7]
그날 난 또 다른 비밀을 보지 말았어야 했던 그 빨간 비밀을 보고 말았다.
"미안해, 엄마! 미안해요, 아버지! 슬퍼하지 마세요! 전 이미 열일곱인걸요!'

〈이야기 64〉 막걸리

〈'罪와 罰'을 위한 끄적임〉
그날도 울엄만 罪를 짓고 계셨다. 내 버스비를 버셔야 했으니까. 罪인가? 진정 罰받아야할 罪를 엄만 저지르고 계셨던걸까? 엄만 살곰살곰 病을 키우고 계셨다. 바/부/

[1]
봉기네 집은 가게를 했다. 황소누깔만한 누깔사탕도, 라면땅도, 미루꾸도 쫀득이도, '간빵'도, 아이스께끼도 있었다. 어릴때부터 우리들은 〈봉기네〉가 늘 부러움의 대상이었다.

[2]
봉기네 집 부엌 한쪽에는 커다란 항아리를 묻어 만든 술독이 두개나 있었다. 완길이 큰형 상길이형은 개울 건너 막걸리공장엘 다녔다. 커다란 자전거(우리 집자전거라고 불렀다)에 술퉁자를 하나 둘 셋 넷! 아슬아슬하게 높이 쌓고도 모자라 자전거 짐칸 양옆으로 두 통을 더

매달고 묘기를 부리듯 잘도 달렸다.

[3]

내가 등교하는 그 이른 시각. 부지런한 상길이형은 벌써 봉기네 가게 쪽문을 열고 들어가 벌컥~~브얼컥~~컥,,컥,,커억...! 술단지 그득 막걸리를 쏟아 붓곤 했다. 막걸리 냄새가 싱싱한 아침공기를 타고 열일곱 은범이의 코끝을 간지럽혔다. 문득 찌그러진 노란 주전자 주둥이를 벌컥벌컥 빨던 날이 떠올라 씨익 웃어본다.

[4]

그래, 그랬다. 집에 손님이라도 오신 날이면 난 그 노란 주전자를 들고 봉기네집으로 갔다. 막걸리 한되 주세요.
"범이 왔구나? 손님 오셨니?"
"네에~~!"
"범인 착하기도 하지. 심부름도 잘하고...!"
봉기네 엄만 손잡이 긴 바가지를 술독에 넣고 휘휘 저으신다.
그때마다 시큼털털한 막걸리 향이 파르르르 열세살 은범이의 코를 자극했고, 자신도 모르게 입안에 침이 팽그르르 고였다.
큰길에서 우리집으로 꺾어지는 모퉁이를 지나자마자 막걸리 맛이 그리운 은범이는 그만 주전자 주둥이로 입을 가져간다.
벌컥! 벌컥! 벌컥!

[5]

뒷문으로 비밀스레 들어간 은범이가 펌프질을 한다. 찌꺽 찌꺽 찌이꺽~~~! 다시 주전자가 탱탱해진다. 아마 봉기네 엄마도 나만큼의 펌프질을 하셨을까?

[6]

"오늘 막걸리 맛은 왜 이리 싱겁지?"

대청마루에서 들려오는 아버지 소리에 열세살 은범이의 가슴이 콩닥거린다. 세상이 뱅글뱅글 돌기 시작한다. 열세살이 그립다.

〈이야기 65〉 죄

罪. 하나

두울

세엣

넷. 넉 사(四) 아닐 비(非)로 읽어본다. 罪.,

울엄만 罪를 짓고 계셨다. 하나/빚보증. 둘/콩나물. 셋/죽음. 넷/ 이제 그 네번째 罪를 노래할 때이다. 그저 간직만 했던 그 슬픈 비밀을 이제 말해야 한다. 엄마의 病도 罪처럼 자라고 있었다.

[1]

우리집 돼지들은 늘 취해 있었다. 부대에서 가져온 〈짬밥〉만으로는 그 많은 돼지들의 배를 다 채울 수 없었다. 더군다나 콩나물은 이미 우리 식구들이 다 차지한 터라 멀뚱한 국물만으론 늘 속이 허했을 테다. 그런 돼지들에게 술찌끼미는 배를 채우기에 충분했다.

[2]

어느날부터인가 이상했다. 돼지들이 먹는 술찌끼미가 푸석푸석했다. 마치 달작지근한 즙을 다 빨아먹고 버린 칡처럼 술찌끼미가 푸석푸석해지고 있었다.

[3]
막걸리 배달을 하던 상길이형의 술통자도 눈에 띄게 그 높이가 줄어들었다. 마을 사람들은 여전히 막걸리를 즐겼음에도 불구하고 봉기네 술독에 막걸리 채워지는 소리는 얕아만 졌다. 이상하다.

[4]
보지 말았어야 했다. 정말이지 보지 말았어야 했다. 차마 아름답다.
"엄마! 난 이해할 수 있어요. 내 나이 비록 열일곱이지만 엄마랑 새벽부터 맷돌질하며 막국수틀에 대롱대롱 매달리면서 엄마를 다 알아버렸거든요. 콩나물도 열심히 먹었잖아요. 괜찮아요, 엄마! 그건 죄가 아니에요."

[5]
음침한 부엌. 개미 같기도 거미 같기도한 엄마가 늦은 밤 뭔가를 하고 계셨다.

[6]
참았던 눈물이 난다. 눈물. 그래 엄만 눈물을 짜고 계셨던거다. 짬

밥에서 콩나물을 건져올릴 때처럼 그렇게 엄만 눈물을 짜고 계셨다. 꾹 꾸욱~! 막걸리가 엄마 손가락 사이로 흘러내렸다. 하얀 눈물 같기도 고름 같기도 한 막걸 리가...!

[7]
   아, 그랬었구나. 상길이형 짐자전거의 술통자 높이가 낮아진 이유를 봉기네집 술독에 막걸리 채워지는 소리가 얕아진 이유를, 막걸리 맛이 이상해진 이유를, 더 이상 버스비를 꾸러 다니시지 않는 이유를! 아! 알고 말았으니. 아, 차마 아름답도록 슬픈! 이제 32년을 입안에 가두어둔 말!
   "엄마!"
   미안해 하지 마세요. 난 이미 마흔아홉인걸요. 어제 난 막걸리를 취하도록 먹었다. 엄마 눈물같은...! 은범이의 열일곱이 저물어간다. 어찌해야 하나! 어찌해야 하나! 점점 엄만 야위어만가는걸.....! 차마 난 이야기를 더 이상 쓸 수가 없다. 어찌해야 하나!

   울지마라..... 詩

하나가 떠나니
하나가 떠나고
하나가 가니
또 하나도 가고

하나
하나
그렇게 떠나고 가니
나도
너도
홀로 남았구나
울지마라
누구나 하나로 왔다
하나로 가는 것
다 떠나고
너만 나만 홀로 남았다고
울지마라
누구나
하나로 왔다
하나로
가는데
그대여
울지마라
나는 너와 죽어 쌍동별 되리니...
이제
우지마라
그대여

〈이야기 66〉 벌

한참을 고민했다
어찌해야하나?
어찌해야하나?
하늘을 바라보았다
메밀꽃 같기도
구절초 같기도
눈물꽃 같기도한
점점 개미같고 거미같아졌던
아, 엄마
이젠
엄마에게 주어진
참혹한 罰을
이야기해야할 때이다
눈앞이 흐릿해져온다

[1]
　무엇이 엄말 버티게 했을까? 개미같고 거미같은 엄마를 버티게 한 힘의 원천은 무엇이었을까? 이른 새벽부터 늦은 밤까지 가녀린 여자로선 도저히 감당해내기 어려운 일들을 꼬치꼬치 말라비틀어지면서도 엄만 쓰러지지 않았다

[2]
　그러던 엄마가 서서히 변하기 시작하셨다. 열세살 은범이가 알고있는 엄마는 인정 많고 재사하시며 놀기 좋아하셨고 사람들을 편하게 해주는 참 좋은 여자였다. 순전히 엄마의 실수(죄)로 인해 집안이 쇠락했다고 여긴 엄만 당장 웃음부터 잃어버리셨다. 말수도 적어지셨고 악다구니도 자주 보이셨다. 엄마가 변하고 있었다. 무엇이 그 곱고 착하고 인정 많던 여자를 그렇게 만들었을까?

[3]
　엄마도 막걸리를 들기 시작하셨다. 술찌꺼미 꾹꾹 짜서 얻은 한사발의 막걸리에 당원을 넣고 밥을 자주 말아드셨다. 술의 힘으로 어느새 엄만 그 많은 노동을 견뎌내고 계셨다. 아버지와의 말다툼도 잦아지셨고 큰 소리를 내며 섧게 섧게 우는 날도 많아지셨다. 엄마의 몸은 점점 더 개미같고 거미같아 지셨다. 病이 어느새 엄마 몸 구석구석 씩씩하게 자라고 있었다.
　아무도 눈치채지 못했다. 엄마 홀로 아프고 홀로 토하고 홀로 참아

내시며 참혹하리만치 처절한 형벌을 받고 계셨다. 흘로...!

[4]

罪와 罰. 엄만 무슨 罪를 지으셨을까? 참혹하리만치 온몸 구석구석 병으로 가득 채우고도 모자라 만삭의 임부같은 배를 움켜쥐고 두부콩을 갈다 고꾸라져야할 죄를 엄만 지으셨던걸까?
엄만 그렇게 고꾸라지셨다. 소리조차 못내시고 그냥 스르르......!
罰의 시작이었다.

벌초(伐草) 2 / 엄마.....詩/美山 왕은범

그때
엄마 나 몇살이었는지 알아?
아, 너무도 억울한 열일곱이었어/
눈물이 나
열일곱에 크게 울지도 못하고
하관(下棺)하던
내 억울한 열일곱
생각하면 다시 눈물이 나
광목 치마 저고리
주물러도 주물러도 단단하기만 했던
막국수 반죽

국수 틀에 개미허리 너댓

엄마 나 여동생

그리고 별이 된 착한 용구

대롱대롱 매달려 恨을 뽑았지

긴 긴 겨울 밤 자정 무렵/

개미 허리 잠시 접고

여명도 아직 먼 시간

식구 몰래 함지박에 맷돌 얹고

서그적 서그적 말없이 두부 콩 갈던 엄마

부시시 잠 깨어 엄마 손 잡고 맷돌 돌리면

허연 포말같은 콩물 눈물로 흘러내렸지

그 허연 콩물같은 파란병의 하얀 위장약

암

포

젤

엠

수도 없이 파란 병

비워댔지만.....!

고통 없이 허영게 잠든 당신

당신에게 오르는 소롯한 길

그 섶에 은방울꽃

대롱대롱 피었더라, 엄마야!

⟨이야기 67⟩ 나의 노래

너울너울 꽃상여 하나
스무숲을 떠나고 있다
어~~럼차, 어어
어~~럼차~~어~~어~~
이제 가면 언제 오나
어~~럼차/ 어~~어
간다 간다 나는 간다
북망 고개로 나는 간다
어 ~~럼차~~ 어~~어~~
어~~럼차~~어~~어~~

[1]
 너울너울 엄마가 춤을 춘다
상여타고
울엄마
당실당실 춤을 춘다

울지마라
우지마라
네가 울면
내가 울고
내가 울면
네가 우니
우지마라
우지마라
내 가여운
내 아들아
내 별되어
널 보리니
우지마라
내 아들아

[2]
개미 같기도 거미 같기도 한 울엄만
두 차례의 대수술을 받으셨다
잘라내고 도려내고 꿰매고
이를 악물고
이를 악물어 가며 남몰래 참아내던 고통은
파란병의 하얀 위장약 암포젤병으로도 감당할 수 없었다

罪와 罰

개미 같기도
거미 같기도 한 울엄마에게 주어진 罰은
참으로 혹독하였다
단 한 술의 음식도 허락하지 않고
한 숨의 잠도 허락하지 않는 지독한 형벌
엄만
온몸 지렁지렁 病을 매달고
혼자 시들고 있었다

[3]
엄마의 통곡이 들린다
뼈를 쑤시는 엄마의 통증이 들린다
아버지의 노래
'사람이 살면 얼마나 사나~~'보다
더 깊게 찢어지는 소리로 밤마다 외치던 소리
'아파
아파
아파
나를 죽여줘. 제발 나 좀 죽여줘~~~'
엄만

급히 모셔온 야매 침쟁이한테 마약을 맞곤
새근새근 잠드셨다
죽음같은 잠을
아!

[4]
1975년
그날은 첫얼음이 얼었다
너울너울 꽃상여 하나
스무숲을 떠나고 있다
어~~럼차, 어어
어~~럼차~~어~~어~~
이제 가면 언제 오나
어~~럼차/ 어~~어

간다 간다 나는 간다
북망 고개로 나는 간다
어 ~~럼차~~ 어~~어~~
어~~럼차~~어~~어~~

[5]
소년이 어른이 되었다

소년이 아버지가 되었다
열 일곱 은범이가 마흔아홉이 되었다
그가
美山이 되었다
그가 이제 노랠 부른다

아니,
노랠 부르고 싶어한다
엄마가 못다부른 노래
아버지가 못다부른 노래
그런 노랠
이제 그가 부르고 있다
구절초 같고
메밀꽃 같고
눈물꽃 같은
하얀 노래를....
그의 노래는 이제
美山으로 이어져
아름답게
오래 오래 부를테다
美山을 꿈꾸며

하늘별 엄마한테 보내는 늙은 은범이의 편지

엄마,

어느새 열세 살 은범이가 육십이 되었어요.

그 새 난 세아 친할아버지가 되었고 또 로윤이 외할아버지도 되었지요.

세아를 안고 로윤이를 안으며 열세 살 은범이의 내음을 만날 때면 아,

엄마. 내 엄마. 내 엄마. 난 다시 열세 살 은범이가 된답니다.

거미 같기도 하고 개미 같기도한 울 엄마. 최영창.. 엄마, 엄만 생각나요? 스무숲. 부엌 부뚜막. 막국수 그리고 메밀 반데기 그리고 또 푸럭죽.

참 예쁜 안해가 끓여주는 푸럭죽. 그 푸럭죽을 먹으며 내 엄마 최영창. 내 안해 김혜숙을 난 문신한답니다.

엄마. 내 그리운 엄마. 엄마, 어느 별에 계시나요?

하늘별 아부지한테 보내는 늙은 은범이의 편지

　아부지!
　지금 난 내 열세 살 아부지 왕대진이 되었어요. 막걸리 걸걸 마시고 아부지께서 부르셨던 노래!
　"인생이이~~~~살면은 얼마나 사아나아~~~"!"
　아부지 목소리로 부르고 있어요. 그래요, 아부지. 인생이 살면
　얼마나 살겠어요. 욕심 부리지 말고 탐하지 말고 그렇게 살라고 하신 아부지의 노래!
　이제 알겠어요. 아부지. 내 아부지. 당신의 작은 키. 그 키보다 훨씬 높았던 지겟짐. 그 짐의 무게 이겨 내시고 묵묵히 노래 부르셨던 내 아부지의 노래. 그 노랠 이제 다시 불러 봅니다.
　"인생이이~~~~살면은 얼마나 사아나아~~~!"
　아부지!
　아시나요? 내가 막걸리 좋아하는 이유를. 난, 오늘도 막걸리 걸걸 마시고 아부질 생각 합니다.
　"범아, 오늘 막걸리는 왜 이리 싱겁지?"
　아부지! 당신이 그립습니다.

예순 살 은범이

열세 살 은범이가 예순 살이 되었다.

내 기억 속 스무숲엔 환갑 노인네가 별로 없었다. 예순 살이면 동네 상노인이었다.

내 나이 어느새 예순이 되었다. 아, 내 등 푸른 열일곱 은범이 그 푸른 열일곱 은범이의 가슴별 되신 마흔 여덟. 파란 암포젤병. 울엄마! 엄마! 눈물이 나요, 펑펑! 암포젤 그 파란 병의 하얀 위장약. 그 하얀 눈물이.

엄마!

생각나요? 장맛비 내리던 날이었어요. 그 날 석유곤로 심지 한껏 올려놓고, 호박부침개 부쳐 주시던 날. 부엌 빗소리. 부침개 부치는 소리. 그 소리에 묻혀 부침개 대 여섯 장 부쳐지도록 엄마 빈 뱃속에서 들려오던 꼬르륵 소리. 아무도 듣지 못하고……!

열세 살 은범이는 엄마 뱃속을 몰랐어요. 그 허한 뱃속을 파란 병의 하얀 위장약으로 채울지를……!

그래서 난, 열세 살 은범이를 씨야 한다

　내게 고향은 엄마다.
　고향엔 여전히 엄마, 아부지가 늙지도 않은 채 살아 계시고
　동무 동무 씨동무 주렁주렁 개구지고 겨울밤 뒷동산 여우 울어대고 화롯불엔 고구마 익어가는 소리 아직 틱틱거리고……!
　하이얀 광목 아기 기저귀, 가을햇살 머금은 채 천사나팔을 불고 파란 해골 13호, 라면땅 골목마다 굴러 다니고 연속극 '여로' 김일 박치기 온 동네 밤을 깨우고……!
　열세 살 은범이는 개구지고 열세 살 영자는 젖몸살을 앓고 휘엉청 달밤에 동네 처녀들 발가벗고 미역 감고 징글징글한 열세 살들은 유랑극장 개구멍 뚫고 들어가 흠쳐보던 빨간 영화처럼 가슴으로 콩 볶던 시절 그 비밀스럽게 봉인된 이야기들은 어느새 원룸주택에 묻혀 백자 청자 사금파리 된지 오래 고향은 온 데 간 데 없이 사라지고 난, 열세 살 은범이 되어 어미 젖 그리운 송아지 새끼마냥 꿈길을 서성댔다.
　고드름 없는 초가지붕. 전설 같은 참새도, 능구렁이도 살지 않는 초

가지붕. 제비집마저 사라진 초가지붕 아래 추억 그리워!

그리워! '간빵'을 먹으며 노란 양은주전자 주둥이를 빨아댄다. 막걸리, 아부지, 부뜰이 용구, 대룡산, 안마산, 막국수……,

꿈결에 고향마을 '스무숲'을 보았다. 빤빤 대가리 열세 살들단발머리 영자들! 그리고 늘 개구진 놀이를 생각해 냈던 열세 살 은범이들을 보았다. 마치 내 사랑이 늙지 않는 것처럼 열세 살 은범이의 고향 스무숲은 영원히 늙지 않는다.

다만 농익을 뿐! 전설을 간직한 사금파리 같은 내 고향 스무숲! 그 스무숲을 난 다시 살려야 한다. 내 동무들 다시 돌아와 개구지게 놀고 마루치 아라치 파란해골 13호도 다시 불러들이고 천사 날개처럼 황홀한 아기 똥기저귀도 달밤 징글징글하게 퍼드러진 처녀들 맨몸뚱아리들도 발갛게 돌아올 수 있도록 연어의 母川같은 내 고향 '스무숲'을 난 다시 살려내야 한다.

그래서 난 '열세 살 은범이'를 써야만 한다!*